いまを考えるための経済学史

適切ならざる政府？

HISTO OF ECONOMICS

西 孝
NISHI TAKASHI

日本実業出版社

はじめに

本書は「政府の役割」というテーマを中心とした経済学史の本です。二つの点で、従来の経済学史の本とはやや異なる特徴をもっています。

一つは「政府の役割」という特定のテーマに限定して、その学説・理論を取り上げていることです。そしてもう一つは、現在の経済学を完成型、ないし到達点とは考えていないことです。詳しくは本文に譲りますが、まさに、いまの問題を考えるために、過去の理論を動員しているのです。

筆者の専門分野は、マクロ経済学を中心とする理論経済学で、学説史プロパーが専門ではありません。もちろん、学生時代から古典や学説史が好きで、それに親しんできました。大学一年生のときには、必修の経済原論をサボって、喫茶店でJ・S・ミルの『経済学原理』を読んでいるような、変な学生でした。

本書は、現代の問題を考えるための素材として、過去の学説を参照しています。それは決して、現在の完成型に至る過程の未熟な理論としてではありません。筆者は、まさに理論経済学者として、この学説史の本を書いたつもりです。経済学はそのようにあるべきだというのが、筆者の立場なのです。

この本が世に出るにあたっては、前著『社会を読む文法としての経済学』と同様、日本実業出版社の松本幹太氏に大変にお世話になりました。彼がいなければ、本書は存在していません。

また本書の出版に際しては、杏林大学大学院国際協力研究科の出版助成をいただきました。記してお礼申し上げます。

加えて、日々の生活を支えてくれる妻の小枝にも感謝したいと思います。

最後になりますが、筆者はこれまで著書を両親に捧げてきました。父はもうこの世におりませんが、母はまだ元気です。母が一日でも長く健康で楽しく暮らせることを祈って、この本を母に捧げます。

西　孝

2023年1月

いまを考えるための経済学史
適切ならざる政府？　[目次]

※引用文の典拠に付されたページ数は、巻末「引用文献」の該当する文献のページ数を示す

デザイン　冨澤崇／DTP　一企画

前奏曲

世論の変遷の検討は、人間の解放にとって不可欠な予備的考察である。現在のことだけしか知らないことと、過去のことだけしか知らないことのいずれが人間をより保守的にするのか、私には分からない。（ケインズ「自由放任の終焉」330ページ）

1／経済学史って、何のため？

≫物理学の学生はニュートンを読むか？

いきなりで恐縮ですが、経済学史は、いったい何のために勉強するのだと思いますか？

私の答えは、「いまを理解するため」というものです。そしてそういう答えになる理由は、

「経済学は厳密な意味での科学ではない」からであると考えています。この点は、本書の目指すところとおおいに関わりがあるので、まずはそこから説明しましょう。

そもそも読者のみなさんにとって経済学のイメージってどんなものでしょうか？　ミクロとかマクロとか、数式がいっぱい出てくるとか、高価な統計ソフトを使ってデータ分析を行なうとか……。まるで、理系の科目のようだと思っている人も多いのではないでしょうか。

でもそれなら、理系の勉強をする人は、過去の学説史を読むでしょうか？　物理学を学ぶ人は、ニュートンやガリレオの古典を読むでしょうか？　医学の勉強をする人は、ヒポクラテスや杉田玄白の著作を読むでしょうか？　おそらく答えは「ＮＯ」でしょう。仮に読むとしても、それは教養として、または純粋に歴史的な興味の対象としてであって、目の前の自然現象を説明するためや、目の前の患者を救うためではないでしょう。

でも、それはなぜでしょうか？

自然科学の場合は、基本的に過去にあったさまざまな考察や理論に一応の決着をつけ、それらを包摂する形で現在に至っていると考えることができるのです。それが可能なのは、制御された形での厳密な実験を行なうことができて、それによって仮説を検証・反証することが原則として可能だからです。私が「厳密な意味での科学」と言っているのはそういうものを指しています。いわば、対立する仮説に白黒をつけて前に進むことができるわけです。もちろん、１００％というわけにはいかないし、分野によって程度の差もおおいにあるでしょう。でも、地動説か天動説かで、いま論争になることはないし、金（gold）を作るために何と何を混ぜるかなんていう錬金術の方法が諸説乱立することもありません。最新の教科書を読めば、そこに必要なものがほぼ含まれていると言っていいわけです。

≫経済学は厳密な意味での科学か？

では、同じことは経済学にも当てはまるでしょうか？　経済学者の中には、経済学はまさにそのような意味で「科学的」なのだと信じている人も少なくありません。

しかし、もし本当にそうなら、経済学においても、現代の教科書を読めば用は足りるのであって、過去の古典を読む必要はないことになります。それは教養のためか、せいぜい純粋に歴史的興味の対象でしかあり得ないはずです。

実は、私が学生時代に習った経済学史はまさにそんな感じだったのです。現代の一般均衡理論を核とする経済理論――それは新古典派経済学と呼ばれています――は、一つの完成型、到達点であると考えられているのです。したがって、経済学史というのは、そこにたどり着く過程に現れた、さまざまな点で現在よりも「未熟な」経済学を学ぶためにあるというわけです。過去の経済学者が取り上げられて賞賛されるのは、現代の理論の萌芽となる考え方が、いつ頃から現れたのかを見るために過ぎないのでした。

しかし私の、そして本書の立場はそうではありません。簡単に言うと、経済学はいま述べたような意味での厳密な科学では決してありません。しかし、まさにそれだからこそ、過去の理論を勉強するべき理由があるのです。

まず、経済現象に関する限り、制御された実験を行なう余地はきわめて限られています。問題となっている側面以外は、すべての点で同じであるような二つの経済を作り上げて、片方の経済についてだけある政策を行なう、などということは決してできません。数学を用いたモデルも、複雑な経済現象を著しく単純化することで成立しているのであって、それをもって一般的・普遍的な法則を確立することはできないのです。

それだけではありません。時代とともに社会も経済も変化します。そうだとすれば、社会や経済を支配するメカニズムも変化し続けていると考えるのが自然です。物体の落下法則は、ガリレオやニュートンの時代も現在と同じだと考えていいでしょう。しかし、**社会や経済の仕組み・制度や人間の振る舞いは、時代を通じて同じではない**のです。いや同じ時代であっても、国によって、地域によってそれらが異なっていると考えるべき理由があります。とりわけ、経済開発や経済危機への対応という文脈で、**これまで経済学は、一つの経済政策をあらゆる国に自信満々に適用して失敗してきた**のだと思います。

私のそういった物言いに反対する経済学者もいるでしょう。ただ、これまであった数々の論争に対して、常にきっちりと科学的に白黒をつけて今日があるわけではないことは、誰もが認めざるを得ないのではないでしょうか。経済問題については、これまでも現在も、さまざまな意見の不一致が存在し、さまざまな論争が行なわれてきました。経済学が実証分析に基づいて、それらにちゃんと決着をつけたことは決してないのです。それどころか、実質的に同じ内容の論争が何度も繰り返されていることも珍しくありません。

理由は簡単です。誰もが納得せざるを得ない方法で制御された実験を通じて、物事に決着をつけることがそもそもできないのですから。そしてそうであるとすれば、いまある新古典派経済学は、過去のすべてに白黒の決着をつけた上で存在しているわけではなく、逆に、それ以外のさまざまな理論や学説を排除して、置き忘れて、無視してきた結果として、あるいはさまざまな偶然の結果として存在していることになります。

現在支配的となっている経済理論や政策は、正しいから生き残ったとは限らないのです。その時その時の、一番有力な力によってご贔屓にされたものが生き残ったというだけかも知れません。流行などという言葉は使いたくありませんが、残念ながら、経済学にもそれはあるのです。いや、確かにあったのです。

≫「である」と「であるべき」の違い

もう一つ強調しなければならない点として、経済学の論争は、その少なからぬ部分が、経済政策をめぐって行なわれるということです。そこには多くの場合、必ず「価値判断」が関与します。つまり、**物事が「どうあるか」だけではなく、「どうあるべきか」を議論することが不可欠**なのです。太陽が東西どちらから昇る「べき」か、重いものと軽いものはどちらが先に落ちる「べき」か、なんて議論が自然科学でなされることはないでしょう。しかし経済学では、ある政策によって、Aという状態がBという状態に変化するとき、さて、それはどちらが「良い」状態なのかを判断することなしに、政策の優劣を論ずることはできません。それはまさに価値判断に関わるのです。

読者のみなさんは、そのような価値判断を抜きに、客観的に白黒をつけられる社会経済現象がどれほどあると思いますか？　それがたくさんあるのだ、そして経済学はそれに対して中立的・客観的な答えを提供できるのだ、と誤解してきたことが、今日の経済学の役立たずぶりをもたらしている、と私は思っているのです。みなさんもそう思いませんか？

このあと本書で見るように、科学的客観性を標榜してきた経済学は、実は、自然法思想とか功利主義とか、特定の価値判断をその中に嫌というほど含んでいるのです。

私の考えでは、**経済学は自然科学よりは、道徳哲学、社会思想にはるかに近い**ものです。もちろん、これまで積み上げられてきた理論的・実証的な分析技術を、決して過小評価するものではありません。しかし、経済学において仮説を検証・反証する能力が著しく限られていることを認めるのであれば、結果として経済学は、さまざまなモデル、さまざまな論考・思想の集まりであることを認めなければならないはずです。そうであれば、過去の経済学もまた、その重要な構成要素の一つなのです。

われわれが過去の経済学者の主張に耳を傾けるのは、単なる物好きの興味本位でも、教養としてでもなく、まさに現代の問題を考察するための「材料」としてなのです。そして、ひたむきに事実を分析する一方で、その情報に基づいて物事にどのように対処するのかを議論するときには、進んで価値判断に関わるべきだと思っているのです。過去の経済学は、そのための素材も提供してくれます。

過去の経済学者の論考について、おそらく現代の洗練された経済学者たちは、そのモデルの前提が明確ではない、さまざまな因果関係に関する論理的推論が厳密ではない、あるいはそもそも閉じたモデルにすらなっていない等々の理由で糾弾することでしょう。しかし他方で、現代の経済理論による高度に洗練された分析手法は、われわれに相応の現実認識の洗練をもたらしているでしょうか？

ＡＶ機器がいかにデジタルで高精度なものになろうと、それを見聞きしているわれわれは、相変わらず光の反射や空気の振動をアナログ的に受け取って認知しているのです。錯覚を利用して書かれた絵画を見て「まるで本物のようだ」と称賛する一方で、本物の美しい景色を見た時には「まるで絵のようだ」と言う。それが人間のアナログ感覚というものではないでしょうか。いかに厳密な数学的推論で処理され、いかに大量のデータを高度な統計的手法で分析したとしても、そこから何かを受け止め、現実社会への政策的適用を判断するのは、アナログ仕様の政治的、思想的、倫理的価値判断であり続けていることを忘れるべきではありません。

今日ほど洗練も抽象化もされていない過去の経済論考は、しかしそのすぐれて総合的な視点ゆえに、現代の経済学が置き忘れ、放置し、無視し、覆い隠しているものへの洞察に満ちていると思います。それらはもう一度拾い直されねばならず、その意味で**経済学史を学ぶことは、単なる教養ではなく、まさに現代の問題を考えるために重要な作業**なのだと思うのです。

≫やさしすぎて、難しすぎる経済学

最新の教科書を読めば、とりあえず昔を振り返らずに先に進むことができる自然科学とは違い、経済学は他の社会科学と同様、過去のことも含めてあれこれ総動員しなければばならない運命にあります。200年前に生まれていれば、勉強する必要のあることは、それだけ少なくて済んだかも知れません。

この点について、面白いエピソードがあります。哲学者・数学者で、ノーベル文学賞を受賞したバートランド・ラッセルは、経済学者のケインズに向かって、自分が学生時代に経済学を専攻しなかった理由として「それがあまりにやさしすぎるから」と言ったそうです。ところが他方で、量子力学の創始者の一人であり、やはりノーベル賞を受賞している物理学者マックス・プランクは、ケインズに対して、同じく自分が経済学を専攻しなかった理由を「それがあまりに難しかったから」と言ったというのです。

私はこの二人の発言は決して矛盾するものではないと思っています。ラッセルが言及しているのは、現実を極端に単純化して、モデル分析をする、いわば科学を装う経済学のほうだと思います。それに対してプランクは、現実の経済現象はあまりに複雑で、物理学と同じ方法ではとても仮説の検証・反証ができない、いわば手に負えないと感じたのではないでしょうか。

われわれが求めるべきは、プランクが「難しすぎる」と感じた経済学でなければならないと思います。対立する見解に対して、価値中立的に科学的な白黒をつけられるという幻想は捨て去るべきです。経済現象を理解し、経済政策についてコンセンサスを得るためには、議論を重ねていく過程でさまざまな論点を総動員する必要があります。そこにはもちろん、過去の経済学者の論説も含まれなければなりません。本書の経済学史はそのためのものです。

とはいえ、そのように過去の経済学もあれこれ動員するとなると、当然、すべてのテーマを扱うことはできません。そこで、本書はテーマを限定しています。ここで取り上げるのは、**「政府の役割」**というテーマです。自由市場経済において、**政府は何をすべきであって、何をすべきではないのか、これは今日でも経済学の中心的な論点**だと言っていいと思います。この問題を考えるために、過去の経済学者の知恵をおおいに参考にしようというわけです。実際、ケインズは次のように言っています。

> 今日、経済学者にとっての主要な課題は、おそらく、政府のなすべきこと（Agenda）となすべからざること（Non Agenda）とを改めて区別しなおすことである。そして、それに付随する政治学上の課題は、そのなすべきことを成し遂げることができるような政府形態を、民主制の枠内で工夫することである。（ケインズ「自由放任の終焉」345ページ）

これは100年近く経ったいまでも、相変わらず真実であり、それは経済学の中心的なテーマの一つであり続けていると思います。何よりも、それは相変わらず解決していない問題であり、今後も時代とともに答えが変わっていく問題なのです。

2／いくつかの予備的考察

》三つのシステムがせめぎ合う？

さて、第1章の本題に入る前に、ここでいくつかの予備知識を確認しておきたいと思います。すでに述べたように、この本のテーマは「政府の役割」についてです。それは経済システムのあり方についての問題であると考えることができます。そこで経済システムというものについて、最も基本的なことを確認しておきましょう。

まずは「経済問題」とは何でしょうか？　この本が問題にする「経済」とは、資源をさまざまな用途に配分し、生産を行ない、その成果をさまざまな人びとに分配すること、と考えてよいと思います。そこでの「問題」とは、とりわけ、誰がどうやってそのやり方を管理するのか、ということです。

アメリカの経済学者で経済思想や経済史について卓越した論考を残したロバート・ハイルブローナー（1919～2005）は、その著書『経済社会の形成』において、次の三つの「経済」を提示しています。

①伝統によって運営される経済
②司令によって運営される経済
③市場によって運営される経済

それぞれの意味については、言葉通りに理解してよいと思います。ただし、現実の経済社会がこの三つにきれいに分けられると考えるべきではありません。たとえば、われわれが生活している現在の日本経済は、市場メカニズムを中心に運営されている部分と、政府によって統制・規制を受けている部分に加えて、伝統によって運営されている部分も存在しています。実際、歌舞伎や伝統的な職人の仕事の中には、親の後を継ぐのがしきたりになっている世界もあります。女性は大相撲の力士にはなれませんし、男性は巫女にはなれません。それはいわば、伝統的にそのように運営されているのです。

しかし、現実はこれら三つの運営方法の組み合わせである、というだけではまだ足りません。むしろ、この三つがお互いに強め合ったり、抑制し合ったり、その空きに他のもう一つが伸長したり、といったダイナミックな状況を思い浮かべることが重要だと思うのです。つまり、この三つのシステムが互いにせめぎ合って、経済社会が常に変化しているということです。

市場によるシステムと司令によるシステムは、まさに本書のテーマの一つである「市場vs.政府」のせめぎ合いとして現れてきます。これはわかりやすいでしょうが、他方で、市場メカニズムにおける利潤の獲得やその行き過ぎをめぐっては、いまなお道徳的観点からの嫌悪感が根強くあるのは読者のみなさんもご存じのことと思います。つまり、伝統的規範に基づく価値観は、常に市場によるシステムに対するブレーキとして機能していると考えることもできるわけです。といいますか、むしろ近代になるまでは、そのブレーキのほうがはるかに優勢だったと言っても過言ではありません。

また他方で、中央集権的な国家は、さまざまな伝統的規範・慣習を、法による統一ルールへと変えていこうとします。そこにも統一化と伝統的な価値観との間にせめぎ合いがあるわけです。そして自由競争のメカニズムは、ときに伝統的規範とともに社会的な力となって、国家が出しゃばり過ぎて暴君となるのに歯止めをかけることもあります。もちろん、それに失敗することもあります。というわけでまさに、これら三つのシステムは、時代を通じて常にせめぎ合って来たし、いまもせめぎ合っているのです。

実際、そのせめぎ合いの結果、どれか一つのシステムが他のシステムを押し出してしまい、極度に独裁的な社会が生まれたり、経済発展から取り残された伝統的社会にとどまったり、カオス的な自由市場経済が生まれたりもするのです。

政府の役割について考えるときにも、市場の役割と政府の役割を杓子定規に分類することはできませんし、してもあまり意味はないと思います。いろいろな力に押されて、一歩間違うとどちらかに転げ落ちてしまうような、ダイナミックな文脈で考えることが重要だと、私は思います。

≫資本主義って、何？

さて、そうは言っても、この本のテーマは「政府の役割」についてですから、その舞台となるのは、主に市場メカニズムと政府のせめぎ合いの場ということになります。歴史的にそういう舞台が整うのは、それほど大昔のことではありません。市場経済、それも近代の資本主義というものが成立して以降、ということになります。

ここで念のために、「資本主義」という言葉についても、その意味を確認しておくことにしましょう。「誰からも聞かれなければ、誰もがよく知っているけど、あらためて聞かれると、誰もがよくわかっていない言葉」の典型でしょう。それはいったいどんな「主義」なのでしょうか？

「資本主義」は英語の capitalism の日本語訳です。日本語ではしばしば、英語の ism を「主義」と訳すものですから、「自分はショートケーキのイチゴは最後に食べる主義だ」というった、その人の信条のようなものを表す言葉のように響いてしまいますよね。でも、英語の ism は、そのような信条や指針だけではなく、それにしたがって何かを実践する(practice)「方法」や「様式」をも意味しています。そういう意味を強調するのであれば、むしろ「資本制」と訳したほうがいいのかもしれません。でも、慣れているほうが良いと思いますので、本書では「資本主義」という言葉を使うことにします。

そうすると、それは生産活動を実践する方法・様式が、「資本」というものに基づいているという意味になります。「資本」とは、営利活動を行なう元手のことですが、要するにそれは「お金」を意味しているのです。お金を投じて、何かをするわけですが、その目的は、その結果さらに大きなお金を手に入れるためなのです。ここがポイントです。何かを食べるためや、流行の服を着るためにお金を払うのではなく、もっと大きなお金を手に入れるために、言い方を換えれば、利潤の獲得を目的としてお金を投じるのです。生産活動が主にそのような動機とメカニズムによって実践されるシステムが「資本主義」ということになります。もちろん、利潤の獲得が動機となるためには、稼いだお金が基本的に自分のものになるのでなければ意味がありません。したがって、資本主義は、その前提として私有財産制と密接に関わっています。

しかしそうだとしても、それは近代以前、大昔にはなかったのでしょうか？　いいえ、もちろんそんなことはありません。いま「生産活動」と言いましたが、実際には、お金を投じてそれを増やす方法にはいくつか種類があります。たとえば、自分のお金で何かを買って、それを別の場所でもっと高く売る、つまり交易を通じてお金を増やすという方法があります。これは「商業資本主義」と呼ばれます。

もちろん、それと並んでわれわれがよく知っているのは、お金で道具や機械などの生産設備を購入して、人を雇って生産活動を行ない、できたものを売って利潤を手に入れるという方法です。これは「産業資本主義」と呼ばれるものです。それ以外にも、お金を人に貸して利子を受け取る、という方法もありますね。これも立派なお金の増やし方です。

とりわけ、この「お金を貸す」というやり方と、いわゆる「商業資本主義」は、古代社会から存在しています。最も初期にその本質を見事に描写したのが、哲学者のアリストテレス（B.C. 384~B.C. 322）であることはよく知られています。アリストテレスは、それを「商いの術」と呼んでいて、実際、彼の『政治学』には、次のような叙述があります。

> こうして、通貨がいったん供給されるや、必要欠くべからざる交換から、財獲得術のもう一つの種類——商いの術——が生じた。それが生じた当初は、おそらく単純な形態のものであったろう。それは次第に経験をつうじて、いっそう技術的なもの——どんな資源から、どのように取引して最大の利益をあげるかを追求する技術——となった。それゆえ、財獲得術はとりわけ貨幣にかかわる術であると思われ、その働きは多くの金銭を生みだす源泉を見抜くことができることと思われている。なぜならそれは富と財産を作

る技術であるからである。（アリストテレス『政治学』31－32ページ）

ここでアリストテレスが「富と財産」と言っているものは、今日の言葉では「お金と資本」と言い換えてもいいわけです。実際、古代ギリシャ、とりわけ、都市国家として発展したアテナイは、まさに交易を通じて、地中海のあちらこちらに植民地を創設しつつ経済的に発展しました。そのさまは、まさにそれから2000年後の重商主義や、さらにそこから300年後の帝国主義を想起させる勢いだったのです。

ただし、アリストテレスの時代には、アテナイはすでに衰退していました。戦争でスパルタに負けて民主主義は頓挫し、さらにその後はマケドニアに征服されます。ちなみに、その征服者こそがアレクサンドロス（アレキサンダー）大王であり、アリストテレスは彼の家庭教師だったことでもよく知られています。

おそらくそういう社会的な背景もあって、その時代の哲学者は、アリストテレスも含め、資本主義的なものを軽蔑する傾向がありました。同じ『政治学』の中で、アリストテレスは次のようにも述べています。

すでに述べられたように、財の獲得術には二種類のもの——商いの術と家政術——がある。後者は必要欠くべからざるもので、かつ称えられてよいものだが、前者の交易術は咎められるのが正当である。なぜならそれは自然に適ったものではなく、人間同士のあいだから財を得るからである。（アリストテレス『政治学』35－36ページ）

そして、これもまたは重要なことなのですが、この考え方はこの後、ローマ帝国や中世を通じて、およそ2000年にわたって影響をもち続けることになるのです。もちろん、現代においても、あまりにも「金儲け」にがめつい人間は軽蔑される傾向にありますよね。でも、これはわれわれの慣習的な経済システムにおいて決して軽視してはいけない要因だと思います。この点はあらためて述べますが、とりわけ、利子をとってお金を貸すことに関しては、さらにひときわ軽蔑されていたのです。アリストテレスの言葉を借ります。

そうであるなら、ましてや金貸しの術は憎悪されるのになににもまして当然な理由がある。その術は貨幣がそもそもなんのために案出されたかという目的とは裏腹に、貨幣そのものから財を得ているからである。すなわち貨幣は物との交換のために生じたのであった。それに対して利子は貨幣そのものを増やす。そこから利子はその名を得た。なぜなら親に似る者は子にほかならず、利子は貨幣から生まれた貨幣だからである。したがって財の獲得のうちでも、この種のものはもっとも自然に反するものである。（アリストテレス『政治学』35－36ページ）

ちなみに、「利子」を意味するギリシャ語「トコス」は、同時に「子供」を意味するそうです。そしてこういう考えもまた、それ以降、少なくとも建前としては数世紀にわたって続くことになるわけです。

もちろん、読者のみなさんの中には、「自然に反する」と言われても、ただちに納得ができない人もいるのではないでしょうか。いや、それでいいのです。いくらアリストテレス大先生が偉大な哲学者であっても、それを無条件に受け入れる必要はありません。現代とは時代や文化が異なっているのですから。

むしろ、ここではアリストテレスが「自然に反する」ということを、自らの主張の根拠として挙げていることが重要なのだと思います。現代のわれわれが、必ずしもそれをただちに共有できないとしても、なんの不思議もありません。他方で、その考え方は建前として数世紀にわたって支配的であったし、人びとの道徳的・心情的な部分としては、今日においても残り続けているというのも事実です。あるべき経済政策についてコンセンサスを得るための議論において、それは無視してはいけないものなのです。

先ほど述べた三つのシステムのうち、伝統に基づくシステムにおいては、共同体で共に生きていくための規範・秩序が何よりも重要ですが、その中で個人的に利潤を追求し、裕福になろうとする考えは、おそらく共同体を維持するための規範とは相容れないのでしょう。家族や仲間を相手にして大儲けしてやろうとする輩がいたら、その人はたいそう嫌われるでしょうから。

≫古代の経済社会

さて、ここで大雑把に経済史の予備知識をおさらいしておきましょう。すでに述べた通り、本書の議論は、主にヨーロッパにおける近代の資本主義の登場以降が舞台となります。そのためには、それ以前の経済・社会がどのようなものだったか、さらに経済というものについて人びとがどのように考えていたかの概略を明らかにしておくのがよいと思います。まあ、経済史の本ではないので、ポイント限定でザックリとですが。

あまりうるさいことを言わなければ、いわゆる古代文明の時代からローマ帝国、正確に言うと西ローマ帝国が滅亡したとされる5世紀までを古代、それ以降が中世と呼ばれ、これがおよそ1000年続きます。そして、ルネサンスや宗教改革のあった15世紀以降が近代ということになります。フランス革命（1789年）を境にして、近世と近代を区別する考えも普及していますが、ここでは特にこだわらないことにしましょう。大昔から5世紀までが古代、5世紀から15世紀までが中世、それ以降が近代です。

まず、古代における国家の形成をダイジェストで説明すると、以下のようになります。

人類が金属を利用するようになって、農業の生産性が著しく高まりました。そうすると、道具類やその他の手工業製品を作る余裕ができます。それらを余剰農産物と交換することから商業が発達します。そしてますます生産性が高まると、これまで共同体レベルで行なってきた生産活動が、独立した家族単位で個別的にできるようになります。ここから私的所有、そして貧富の差が生まれてくるわけです。やがてその中から支配階級が生まれます。要は自分では生産活動をせず、人びとから搾り取る人たちの登場です。

支配階級の人びとは神官や戦士として、代々身分を固定するようになり、いわゆる「貴族」になるわけです。宮殿や神殿を中心に人が集まり、ここに「都市」というものが生まれます。今日ではこれを「都市国家」と呼ぶこともあります。ただし国家とはいっても、中心部とその周辺の農村地帯が自治的な共同体として運営されていた、というイメージです。

金属は人類の戦闘能力も著しく高めたことでしょう。都市国家は互いに抗争を繰り返して、その中から統合・拡大に成功する都市国家が現れてきます。そしてその代表が、数千にも及ぶ大小の都市国家を、それぞれ属州として個別に支配したローマ帝国であったわけです。

古代においては、産業の中心は圧倒的に農業でした。もちろん都市を中心に交易・商業も行なわれていましたが、いわゆる市場メカニズムの機能というのは、きわめて限定的にしか存在しませんでした。労働の多くは奴隷によって担われており、前述したアリストテレスをはじめとして、商業活動や職人による生産活動は、どちらかというと卑しいこととして軽蔑されていました。

≫中世の経済社会

ローマ帝国は、後で見るような近代国家とは異なっていますが、それでも、言語や法律の浸透、道路をはじめとする公共設備の供給などといった面では、かなり今日的な国家に迫る性質をもっていました。そのローマ帝国も次第に弱体化し、よく知られたゲルマン民族の侵入によって、東西に分裂、そして467年、西ローマ帝国は滅亡します。ここからが中世です。

ローマ帝国という巨大な政治組織が崩壊したことで、世の中は再び小規模な政治単位の乱立する時代になります。

孤立・独立した領地は「荘園」と呼ばれ、それは大地主である領主によって支配されました。領主となったのは、戦士たちの首領クラスだった人たち（やがて貴族や王となります）や、教会、富裕な農民などです。そしてこの時代の社会の特徴は、「土地を与えて支配すると同時に保護者となる人びと＝主君」と、「服従する見返りとして必要に応じて軍事力等を提供する人びと＝家臣」、という結びつきのネットワークによって構成されていたということです。このような社会は「封建制」と呼ばれます。英語では feudalism といいますが、これは家臣に与えられた土地が「封土」と呼ばれ、中世のラテン語で feudum といったことに由来するようです。

日本の封建制度では「忠臣は二君に仕えず」というのが建前でしたが、中世のヨーロッパはそうではありませんでした。複数の主君が、地理的にもあちこちにいたりしましたし、おまけに「私の主君の主君」は、必ずしも「私の主君」ではありませんでしたから、このネットワークはいかにも複雑に絡み合っていました。つまり、トップレベルに王と呼ばれる人がいても、地理的にどことどこがその王国なのか、その領土も、誰が国民なのかも曖昧なのです。いや、もちろん、「領土」「国民」などという概念自体が存在しませんでした。他にも、中央政府はもちろん、常備軍もない、普遍的な法もない、単一言語もない、ないない尽くしです。まさに統一的制度の不在というのが、中世の封建制の特徴なのです。

そして経済を含む社会生活の理念は、宗教、とりわけキリスト教によって与えられていました。アリストテレスの時代同様、利子の取得はもちろん、貨幣的利益の追求そのものが蔑視されていました。富は、神の前で平等であるはずの人びとに、不平等や享楽をもたらすものとして否定されたのです。聖書の中で、イエスはこう述べています。

重ねて言うが、金持ちが神の国に入るよりも、らくだが針の穴を通る方がまだやさしい。（『マタイによる福音書』19－24）

他方で、中世も後半に入るにつれて、封建領主による支配とは別な統治形態が発達します。それは都市です。ヨーロッパに侵入してきたのはゲルマン民族だけではありませんでした。8世紀頃からはイスラム教徒が、9～10世紀にはヴァイキングの侵入がありました。いずれもヨーロッパに大きな打撃をもたらしましたが、11～12世紀頃になると、ようやく落ち着きを見せ、交易や都市生活が復活するようになります。

封建領主たちは、概して強い力をもてなかったため、この都市の人びとを直接支配することはできませんでした。忠誠を誓わせたり、税を徴収したりはしましたが、都市の自治は認めざるを得なかったのです。そうすると結果として、都市では封建制のそれとは異なる社会が発展することになります。

実際、都市は選挙で選ばれた評議員によって統治されました。それだけを見ればなかなか近代的です。他方で、都市における手工業者、商人、専門的な職業人たちは「ギルド」と呼ばれる排他的な組合を組織して、賃金や労働条件をはじめ、生産に関するあらゆる意思決定を規制していました。

要するに、一方には、領域は広いけれどもきわめて不完全な統合体である王国・公国といった封建国家があり、他方には、小さいけれど高度に統合された都市国家があったわけです。それらのよいところを結合させるかのようにできたのが近代国家なのです。もちろん、それは突然できたものではありません。12〜17世紀ぐらいにかけて、徐々に形成されました。そして、それはまさに今日、われわれが暮らしている国家の基礎となったものなのです。

第1章 近代国家登場！

History of Economic

人間は家族なしの適当に満ち足りた生活を送ることができ、一定の場所で居住し、宗教活動に参加することができる。しかし、もし人間が国家なき状態であれば、無に等しいのである。彼は権利も安全も確保せず、有益な職業のための好機にも恵まれない。組織化された国家の枠の外では、この地上に生きる上でいかなる救いもないのである。（ストレイヤー『近代国家の起源』2ページ）

要するに、〈私〉には二つの性質がある。それは自分をすべての中心に据える点で、それ自体として不正であり、他者を従属させようと望む点ではた迷惑である。というのも、各々の〈私〉は互いに敵であり、あわよくば他のすべての〈私〉の暴君になろうと望んでいるのだから。（パスカル『パンセ』（中）327ページ）

人が暴君となるなら、仲間の市民に対して暴君となるよりは、自分の銀行残高に対して暴君となる方がよい。（ケインズ『雇用、利子および貨幣の一般理論』377ページ）

1／近代国家とは？

≫主権をもった国家

さて、本書のテーマは「政府の役割」でした。その場合の政府とは、近代国家における政府です。そこで、近代国家とはなにか。そしてそれは、そこに住むわれわれにとって、どのような存在なのかを考察する必要があります。

近代国家を特徴づける最も重要な概念は、「主権」です。近代国家は、それを「主権国家」と言い換えることのできるものです。では、それはどのようなものでしょうか？

歴史学者のジョセフ・ストレイヤーはその著書『近代国家の起源』の中で、三つの重要な要件を指摘しています。

①時間、空間における連続性

これは人びとが国民としての帰属意識をもつためには、一定の地域の中で何世代も共に生きることが必要になるという意味です。一代限りの忠誠心に基づく封建国家にはこれを期待することはできないわけです。また古代ギリシャのアテナイやスパルタといった都市国家の集まりも、ペルシャと戦うために連合したり、共にオリンピック競技を行なったりはしましたが、この意味での国家を形成することはありませんでした。

②統一的・常設的な制度

中央集権的に統一された制度に基づいて運営されると同時に、やはりこれも一時的・変動的なものであってはならないということです。いわば、国を統治するための専門的な行政組織をもっていることが必要なのです。

③最終的決定に対する権威への合意

これは主権というものが、単に暴力によって強制された拘束力ではなく、人びとがそれを認める・求めるものであるということです。最高裁判所の判決に人びとが従うのは、人びとがそれを権威として認めているからなのです。そういうものがあって初めて、法による統治が可能になるわけです。

こうしてみると、**主権というのは、統一的ルールとしての法を制定し、それに基づいて統治を行なうことを認められた能力**ということになりましょうか。そのような能力を有する国家が近代国家、ないし主権国家です。そして、それは非常に特別な能力ですから、そのような能力の及ぶ対象・範囲がはっきりしていなければなりません。それが「国民」であり「領土」であるわけです。近代国家においては、国籍や国境はとても重要なものです。まさにこれらは近代国家とセットで初めて意味をもつ概念なのです。

2／利己的な個人 ― 社会契約論

≫議論の中心となるとても重要な問題

さて、近代とは、それ以前の伝統的規範や宗教中心の世界から多少なりとも自由になった「人間」が、舞台の中心に立つようになった時代だともいえます。ルネサンスや宗教改革の主役は、まさに「人間」なのです。

そうすると、そこにはある重要なテーマが現れてきます。それは「人間がそれぞれ自由に行動したとき、社会全体はどうなるのだろうか？」という問題です。本書の中心テーマである「政府の役割」という問題も、まさにこのテーマと密接に関わっています。

人びとが自由に行動する結果、社会全体は何らかの秩序をもって調和するでしょうか？

もしそうだとすれば、どのようなメカニズムによって、どのような秩序と調和がもたらされるのでしょうか？　いや、逆に、まったく手に負えないカオス状態になってしまうのでしょうか？　もしそうだとすれば、それは誰も望まないはずですから、その状態を避けるためにはどんな工夫があり得るのでしょうか？

これこそが、まさに、今日においてもわれわれが考え続けなければならない重要問題なのです。政府の役割というものも、これらの問題について議論を重ねる中から浮かび上がってくるわけです。

過去の偉大な哲学者・思想家は、この問題についてさまざまな深い考察を行なっています。以下では、その代表的なものを取り上げてみましょう。

≫命を守るため ― ホッブズ

近代国家がどのようにして形成されるのか、に関する代表的な理論に「社会契約論」があります。その最も初期に、そして後に大きな影響を及ぼした哲学者が、トーマス・ホッブズ（Thomas Hobbes, 1588~1679）です。彼はイギリス（正確にはイングランド）に生まれましたが、一時フランスに亡命していました。彼の主著である『リヴァイアサン』（1651）はその時に書かれたもので、当然、フランスの哲学者との交流の影響を受けています。まずは彼の理論を見てみましょう。

ホッブズは人間の「自然状態」を想定します。簡単に言うと、国家というものが形成される以前の人間社会を描写するための架空の設定です。この自然状態の想定というスタイルは、ホッブズ以降の社会契約論にも受け継がれることになります。

ホッブズによれば、**人間の自然状態は「戦争状態」であり、人びとはその中で自分の生存を確保するために、自分のもつ生来の権利（自然権）を放棄して、それをある特定の主体に委譲**します。そのようにして、各人の自然権を委譲されてできるのが、主権国家だというわけです。

ホッブズの議論を整理すると、次のようになります。

①自然は人びとを心身の諸能力に関して平等につくった。
②諸能力の平等は、希望の平等をもたらす。
③人びとは生命の安全と平和を守るために、あらゆる力を行使する自然の権利をもっている。
④自然状態において、人びとは戦争状態にある。

そしてそのことの結果として、

⑤人びとは生命の安全と平和を得るために、自然の権利を放棄する。
⑥自然の権利は譲渡され、それによって国家が形成される。

それぞれ説明を加えましょう。まず①ですが、人びとが能力において平等であるというのは、すべての人びとがまったく同じにできているということでは必ずしもありません。腕力や知力に多少の個人差はあるでしょう。しかし、大勢が束になってもまったくかなわないような、ウルトラマンみたいな超人はいない、という意味です。

そのことの結果が②です。ウルトラマンがいるのであれば、ウルトラマンが自分と違う境遇を得ていても、まあ仕方ないか、と思えますよね。でも、そういう超人がいないという意味でみんなが同じなのであれば、他人の受け取る境遇は、自分にだって当然受け取る資格があると考えるようになります。これが希望の平等です。

ということは誰かが手に入れたものを、自分が手に入れられないとなると、当然そこに不満、場合によっては奪い合いが生じることになります。そのような争いの元については、ホッブズ自身に説明してもらいましょう。

そうであるからわれわれは、人間の本性のなかに、三つの主要な、あらそいの原因を見いだす。第一は競争、第二は不信、第三は誇りである。第一は、人びとに、利得をもとめて侵入をおこなわせ、第二は安全をもとめて、第三は評判をもとめて、そうさせる。（ホッブズ『リヴァイアサン』（1）210ページ）

そしてその結果④の「戦争状態」になってしまうというのです。ホッブズによる有名な叙述は次のようです。

これによってあきらかなのは、人びとが、かれらすべてを威圧しておく共通の権力なしに、生活しているときには、かれらは戦争とよばれる状態にあり、そういう戦争は、各人の各人に対する戦争である、ということである。すなわち、戦争は、たんに戦闘あるいは闘争行為にあるのではなく、戦闘によってあらそおうという意志が十分に知られている一連の時間にある。（ホッブズ『リヴァイアサン』（1）210ページ）

ここで「かれらすべてを威圧しておく共通の権力」というのが国家なのです。国家というものが形成されていないと、そうなってしまうと言っているのです。

ここでもう一つ重要なのは、戦争状態というのは、実際に闘争が行なわれている状態だけではなく、いつそうなってもおかしくないと思いながら、不安に怯えて、夜もおちおち眠れない日々を過ごしているような状態をも含んでいるということです。

そして人びとはそのような戦争状態に陥らなくてすむよう、各人の自然権を放棄し、それを一人の人間または特定の集団に譲渡します。それは一種の契約であって、今日では「社会契約」と呼ばれています。そうしてできあがるのが国家です。ちなみに、ホッブズはそれを「コモン・ウェルス」と呼んでいます。

もし人びとの自然権がたった一人の人間に委ねられるのであれば、それは絶対君主による国家ということになります。人びとから譲渡された自然権を一身に担うのですから、これはとてつもない権利ということになります。ホッブズの著書のタイトルにもなっている「リヴァイアサン」というのは、まさに旧約聖書に出てくる海の怪獣なのです。

しかしそのような、場合によってはちょっと恐ろしい契約が行なわれるのは、一にも二にも、**人びとが戦争状態を解消し、自らの平和と安全を守るため**なのです。決して世のため人のためという動機ではないことを理解しておくことが重要だと思います。この後に出てくる学説についてもそうなのですが、社会契約論において想定されている個人というのは、基本的に利己的な個人です。アリストテレスが、人間を「ポリス的存在」とし、生まれながらにして社会を形成する性向をもっている、と考えたのとは正反対の発想です。

ホッブズの議論はさまざまな反論を呼び起こしました。実際に人はそんな契約はしていないとか、親が契約したら子供にもそれが強制されるのか、などと、細かいことを言えば、ツッコミどころはたくさんあります。また、とりわけ自然状態において人びとが戦争状態にあるという主張は、まさに議論の余地があると思われるかもしれません。とはいえ、それもまた現実の一面を描いていることは間違いないと思うのです。

とりわけ、非常に治安の悪い社会に生きていることを想像してみてください。いつ、誰かに傷つけられ、あるいは殺されるかもしれない。自分たちが築いたものが、いつ破壊され、奪われるかもしれない。そしてそれに対して、何ら対応する手段がない。そういう状況下では、人は幸せではないだけでなく、頑張って仕事をしようとか、なにか新しい方法を工夫しようとは思わないでしょう。

世間の反論に対するホッブズの言い分はこうです。

それではかれに、かれ自身についてつぎのことを考察させよ。すなわち、かれが旅にでるときに、自分は武装し、かつ十分な同伴者とともにいくことをもとめるということ、かれがねむるときに、扉にかぎをかけるということ、かれの家にいるときでさえ、かれは自分の金庫にかぎをかけるということ、しかもこれは、かれに対してなされるであろうすべての侵害に復讐するための、法があり武装した公共の役人があるのを、かれが知っているばあいのことだということ、かれが武装して馬にのっているときには、かれの同胞臣民について、かれが扉にかぎをかけるときには、かれの同胞市民について、かれが金庫にかぎをかけるときには、かれの子どもたちや召使たちについて、かれがどういう意見をもっているのか、ということをである。（ホッブズ『リヴァイアサン』（1）212ページ）

当時の話とはいえ、国家があってさえこのありさまなのに、なかったら一体どうなるというのか、と言っているわけです。繰り返しますが、それがすべてではないとはいえ、まさにそれは、われわれが国家というものに期待している一つの側面であることに疑問の余地はないように思います。

≫より大きな利益のため ―スピノザ

オランダの哲学者スピノザ（Baruch De Spinoza, 1632～1677）は、ホッブズの議論を修正的に展開した人です。著書としては、『エチカ』（1677）が有名ですが、社会契約論との関連で重要なのは、『神学・政治論』（1670）です。

スピノザの場合、自然状態が戦争状態であるからという根拠よりも、**人間は自然の一部にすぎないし、自然の摂理は人間の理性とは別のところで運行しているのだから、いつでも人のために幸せをもたらすわけではない**、と考えているのが特徴的です。だから、自然にではなく、法や理性の求めるところに従ってみんなで生きるほうが有益に違いないのだ、それが真の意味で自由であることなのだ、と言っているのです。

こうしたことを考えあわせるなら、人間が安全かつ最善の生活を送るためには何が必要か、はっきり見えてくるだろう。ひとびとは気持ちを一つに合わせ、これまで各個人があらゆることに対して自然にもっていた権利を、集合的にもつようにしなければならない。そしてその権利を個人それぞれの力や衝動ではなく、みんな一緒の力や意志に基づいて決めるようにしなければならないのである。（スピノザ『神学・政治論』（下）156ページ）

国家を形成する理由も、ホッブズのように、戦争状態を避けて命を守るためというよりも、もっと自然に、そのほうが快適で有益だから、と言っています。

自然権の放棄とその動機ということに関しては、スピノザはホッブズよりも現実的な視点で考えているようです。約束を破って自然権を行使することもできないわけじゃないけど、通常、主権は強力な拘束力をもっているうえに、自然状態に戻ることによってもたらされる不利益のほうが大きいのだから、結局あきらめたほうが得なのだ、という感じだと思います。

ある意味では、スピノザにおいては、自分にとって常によりよいものを選択するという「利己的な個人」がより明確な形で述べられていると思います。

この法則は人間本来の性質に「しっかりと」刻み込まれているので、誰にでもわかるはずの永遠の真理の一つに数えられるべきだろう。だとするとしかし、本心を偽ってでもいない限り、あらゆることにおよぶ自分の権利を譲渡するなどと約束する人はいないことになる。また、より大きな「悪いこと」への恐れか、より大きな「よいこと」への希望に駆られていない限り、約束を守り続ける人などいないことになる。（スピノザ『神学・政治論』（下）157-158ページ）

そしてその契約が人びとに何の利益ももたらさないのであれば、それらは即座に破棄されて無効になるであろう、とまで言っています。あるいは、国家が理不尽な命令を下したとしても、国家から離れる不利益を考えれば、それを受け入れざるを得ないこともあるだろう、とも言っているのです。もう、徹頭徹尾、計算高い人間が想定されています。しかしそのほうが、より現実的で、自然だと感じる人も多いのではないでしょうか。

≫財産を守るため――ロック

イギリスではロック（John Locke, 1632~1704）が社会契約論を展開し、その後に大きな影響力をもちました。著書としては、『統治二論』（1689）がよく知られていますが、この本は『市民政府論』というタイトルでも翻訳されています。

ロックの社会契約論もまた人間の自然状態から説き始めるのですが、ロックの場合、人間の自然状態における「自然権」とか「その行使」を説明するにあたって、「自然法」というものが前面に出てきます。それは成文法（文章の形をとっている法律）ではなく、全能の神によって創造された人間の誰もが備えているはずの理性の声です。そのような自然法のみに服する状態こそが自然状態なのです。ある面、明快でわかりやすいものです。

すでに証明したことであるが、人間は生まれつき、他のいかなる人間とも同じように、あるいは世界中のいかなる人間集団とも同じように、ある資格を有する。それは、完全な自由に与る資格と、自然法の定める権利および特権を余すところなく無制限に享受する資格である。人間は、自分の所有するもの、言い換えるなら生命・自由・財産を守り、他人からの加害、攻撃を防ぐ権力をもともと与えられているのである。そればかりではない。他人が法を犯した場合には審判を下し、さらにはその犯罪にふさわしいとみずから確信する罰を下す権力も与えられている。しかも、犯行の凶悪ぶりからして死刑が必要だと判断する犯罪には、死刑をもって臨むことすらあり得るのである。（ロック『市民政府論』122ページ）

間違えないでください。ここでロックが言っているのは、われわれが今住んでいる国家や社会の話ではなく、それ以前の自然状態での話なのです。

確かに、ホッブズが「自然状態における自然権」などと言うときに、その権利を保証するものは何なのか、誰なんだ、と聞きたくなります。権利という以上、それはそれを保証する法律あってのものです。もちろんホッブズも自然法を想定しているのです。ロックはそこのところをはっきりと説明しています。まさに自然法という法があって、それが人間の自然権を保証しているのです。

それに加えて、ここでロックは、各人は自然法を執行することも許されるのだ、とも言っています。つまり、自然法に反するような人間は罰することができ、場合によっては殺すことも許されるという怖い世界です。

また、ここにあるようにロックは、自然状態において守る権利を与えられているものとして、生命や自由に加えて、「私有財産」を重視していることでもよく知られています。人が労働を加えて得たものは、その人の所有物、財産であり、それは自然法によって認められた「正当な」ものだ、と言っているのです。

大地と、人間より下位の被造物はみな、万人の共有物である。一方、個々の人間は身体という財産を所有している。本人を除けば、何人もこれに対する権利を持たない。身体の労働と両手の作業は、当然のことながら本人のものと言える。何かを、それを取り巻く自然状態の中から取り出すとする。取り出された物には、人間の労働が混入し、その人間のものが付加されたことになる。その結果、取り出された物は、取り出した人間の所有に帰する。自然のままの共有状態から取り出された以上、労働を通じて何らかの要素が付け加えられたことになる。そして、その新たな要素ゆえに他の人びとの共有権は排除される。なぜか。この労働というものは疑問の余地なく、労働する者に属しており、ひとたび労働が付加されたものに対しては、労働した当人以外、だれにも手を出す権利はないからである。（ロック『市民政府論』47－48ページ）

しかし、ロックはまた、そのような自然状態が戦争状態になってしまう可能性を指摘します。世の中には人に危害を加え、その生存を脅かし、自らの権力のもとに服従させようとする不届きな輩がいるのです。自然法はそれに対抗・報復することを認めていますが、それはあくまで各人が「私的」に行なうことなのです。各人がそれぞれ私的に自然法を執行するといっても、それは要するに「戦い」以外の何物でもありません。やはりそのような状態をなんとしてでも避けるためには、自然法ではなく、人びとの同意に基づいて、人びとの上位に君臨する共通の権威によって、救済の手を差し延べてもらう必要があります。

それが、社会、国家（ロックの表現では政治的共同体）を形成するということなのです。

> このような戦争状態を何としても避けたいという願いが大きな動機となって、人間は社会を形成し、自然状態に終止符を打つのである。なぜなら、申し立てに応じて救済をほどこしてくれる地上の権威なり権力者なりが存在するなら、戦争状態の継続は不可能になり、紛争はその権力者によって裁定されるからである。（ロック『市民政府論』38－39ページ）

ホッブズは、人びとが契約を通じて権利を委譲する対象として、絶対君主を想定していましたが、ロックの時代のイギリスは、清教徒革命（1642～1649）や名誉革命（1688～1689）を経て、すでに王権はかなり制限され、議会のプレゼンスが高まっていました。実際、ロック自身は、絶対君主による統治に対して否定的です。したがって、契約を通じて権利を委譲する対象は、王プラス議会によって構成される政府であり、今日的な議会制民主主義の政府にグッと近づいています。

それに加えて、政府が委託された仕事を適切に行なわず、人びとの生命や財産を守らないのであれば、契約は無効になることをはっきり明言しています。そして新しい政府を樹立してよいのだと言っています。つまり、**「革命」を正当化しているのです。**これまた二つの革命を経た当時のイギリスでは、さほど新規な考え方ではありませんでしたが、この後、アメリカの独立戦争やフランス革命において、とても大きな影響力をもつことになりました。

人民の同意と任命という手続きを経なければ、人民のうちだれも、法律を制定する権限を持つことはできない。なにしろ法律は他の人びとを拘束するのだから。人民から任命を受けていないのに法律の制定を引き受けるとすれば、権限もないのに法律を制定するのと同じことである。したがって人民は、そのような法律に従う義務はないということになる。このようにして、人民はふたたび服従から脱する。その場合、最適と考えられる立法部を新規に設立することが許される。（ロック『市民政府論』297ページ）

こうして社会契約論はロックによって、その後の人びとにとって比較的馴染みやすいものになったように思います。つまりロックという人は、私有財産や革命といった目の前にあるものを追認した人なのです。それを理路整然と正当化することに長けていたように思います。いわば、その時代の有力な勢力――イギリスの地主階級――が言って欲しいと思っていることを上手に言う才能をもっていた人だったのでしょう。他方で、抽象的な理論を、目の前にある現実との、あるいは人びとの経験や観察との整合性を意識して構成するという、よりイギリス的な――経験論などとも呼ばれます――スタイルと言えるかもしれません。

≫みんなは一人のため ― ルソー

フランスの哲学者ルソー（Jean-Jacques Rousseau, 1712～1778）もまた、社会契約論を展開しました。その主著の一つは、その名もズバリ『社会契約論』（1762）です。

ルソーは、ホッブズが人間の自然状態を「戦争状態」として描いたことに異議を唱えたことで知られています。ルソーの考える自然状態において、人はいたって牧歌的な暮らしをしています。いったいどうして、ホッブズとルソーでは、それほどまでに大きな違いが生じるのでしょうか。

それはもちろん、「自然状態」として想定しているものが、両者の間で異なっているからです。ルソーの考える自然状態というのは、人間がその生態において他の野生動物と変わらないような状態です。それぞれの人は、いわば孤立して生きており、「関係性」というものがまったくないのです。小さないざこざの類はあるでしょうが、互いを嫌ったり、憎んだり、支配しようとしたりという発想自体が、そもそもないのです。

つまりルソーの議論で重要なのは、**人間の争いはすべて、文明によってもたらされる**ということです。社会と文明の進展とともに、理性をもつようになり、そこから虚栄心や所有、財産、支配、格差等々の邪悪なものが生み出されてきたのだ、という考え方なのです。ホッブズが自然状態は戦争状態であると考えるのは、ホッブズの言う自然状態は、人間がすでに文明社会状態にあることを想定しているからに他ならない、というわけです。

人間は原始的な状態では誰もが独立して生きているのであり、他人と恒常的な関係を結ぶことはないので、戦争状態も平和状態も成立しない。このことから考えても、自然のままでは人間はたがいに敵になることはないのである。

戦争が起こるのは、人と人の関係からではなく、物と物の関係からである。そして戦争状態なるものは、単純な個人と個人の関係から生まれることはなく、物と物との関係からしか生まれないものである。（ルソー『社会契約論』31ページ）

加えて、ルソーの考える自然状態における人間には、「憐れみの情」という美徳があります。この点は、この後に出てくるイギリスの社会思想（ヒュームやスミス）に通じるものがあるのですが、それはまた後で。ここでは、もう一つの主著である『人間不平等起源論』（1775）から引用しておきましょう。

すなわち人間は、自分の同胞が苦しんでいるのを目にすることに、生まれつき嫌悪を感じるということである。そのために自分の安楽を求める欲望の激しさが和らげられるのだ。これは人間の美徳をもっとも激しく糾弾する人すら認めざるをえなかった唯一の自然の美徳であり、私がこの美徳を人間に認めたとしても、矛盾しているという非難をうけることはないだろう。これこそが憐れみの情（ピティエ）である。（ルソー『人間不平等起源論』102ページ）

かくして、ルソーの自然状態における人間というのは、そのような美徳にも支えられて、いたって善良な存在であったことになります。そして、諸悪の根源は、文明の進展なのです。ロックがどちらかというと眼の前の現実を正当化するタイプの社会契約論を展開したのに対し、ルソーは文明社会という現実そのものに対して否定的でした。もちろん、利益を追求する商業活動も槍玉に上がらずにはいません。ある意味では、ルソーの思想は、経済活動に関する評価を、中世や古代のそれに引き戻すようなところがあります。つまり、それ自体が卑しいわけです。そしてそのような考え方は、このずっと後に、**資本主義それ自体を否定するような社会思想にとっての強力な援護射撃になる**のです。

文明が進展し、人間が邪悪な存在となって以降は、他の社会契約論と同じ展開をたどります。ただし、ルソーにとって、社会契約を通じて成立する統治というものは、それほど「めでたしめでたし」なものではありません。それは、自然の自由をもはやとりかえしのつかないまでに破壊し、私有財産と不平等を定めた法を永久的なものとして定めるものだった。巧妙な簒奪にすぎないものを、とりけすことのできない権利とするものだった。わずかな野心家の利益を守るために、人類の全体を労働と、隷属と、貧困に服させるものだった。（ルソー『人間不平等起源論』１５４ページ）

というわけです。ルソーの考える社会契約では、権力を委譲する対象は、絶対君主でもなければ、議会でもありません。各人が人民全体と契約するのです。したがって、主権を預けられるのは人民全体ですから、究極の主権在民になります。政府は、統治を受託されているだけということになりますが、この点、その抽象的なメカニズムや問題点については、ここでの議論を少し超えているので、またの機会にしたいと思います。

3／社会的な個人――共感する人びと

≫利己的なばかりが人じゃない――ヒューム

18世紀のイギリスには、調和的な社会の形成について、これまでお話しした社会契約論とは異なった視点・論点を提示した人びとがいました。ここでは、その代表的な存在として、ヒューム（David Hume, 1711～1776）とスミス（Adam Smith, 1723～1790）をご紹介しようと思います。

ヒュームは、社会契約論を展開した論者たちが、押し並べて利己的な個人を想定していることに異議を唱えます。彼は次のようにして、人間のもつ「共感」という性質を強調しました。

> およそ人性の性質のうちで、それ自身にもまたその結果においても最も顕著な性質と言えば、他人に共感する性向、すなわち他人の心的傾向や心持が我々自身のそれといかほど異なっていても、いや反対でさえあっても、それら他人の心的傾向や心持を交感伝

達によって受取る性向、これに勝るものはない。（ヒューム『人性論』第3巻69ページ）

ただしここで注意が必要なのは、ヒュームが、社会契約論の論者たちとはまったく逆に、人類愛に満ちた人間を想定して、放っておいても彼らが道徳的な社会を形成する、と考えていたわけでは決してないということです。

ヒュームの想定している個人も十分に利己的です。ただし、その**利己的な満足の中には、他人の喜怒哀楽や他人の目も含まれる**ということなのです。ことわざに「情けは人の為ならず」というのがあります。その意味を誤解している人が多いのですが、本来、人に情けをかけるのは人のためだけではなく、それが巡り巡って自分にも良い報いをもたらすという意味です。つまり究極の目的は、やはり自分の満足なのです。それを「利他的」というか「利己的」というかは、もはや言葉の問題にすぎないと思います。

またヒュームは、社会契約論における、「自然状態」や「社会契約」それ自体が、いわゆる頭の中で作られたフィクションに基づいていることも批判します。少なくともそれがフィクションであることをちゃんと認めなさい、と言っています。

とはいえ、そうは言っても、もし一派の哲学者が好むとすれば、その人たちがいわゆる自然状態にまで論究を及ぼすことを妨げはしない。ただしそれには条件がある。すなわち、いわゆる自然状態は単なる哲学的虚想であって、いまだかつて実在しなかったし、また決して実在できなかった、と哲学者が認容することである。（ヒューム『人性論』第4巻 67ページ）

社会の形成を説明する理論は、われわれが実際にそれを観察・経験する事実に基づいて構成されるべきである、というのが彼の――そして、ロックのところで述べたイギリス経験論の――スタイルです。そして、人びとが社会を形成する根拠として、生命や財産を守るということだけでなく、**人間は一人ひとりではとても弱い存在であるのに対し、社会を形成すればより大きな力を発揮できる**、という点を強調します。

人間がその欠陥を補い得て、同じ他の生物と等しい程度にまで高まることができ、他の生物に優ることさえできるのは、ひとえに社会のおかげである。社会によって人間のあらゆる虚弱は補償される。（ヒューム『人性論』第4巻 56ページ）

社会を形成することで発揮できる大きな力の中には、人びとが分業を通じて生産性を高める可能性も含まれます。これは後に、アダム・スミスによって強調される、とてもよく知られた議論であり、その萌芽は既にヒュームに見出すことができるのです。

ヒュームによれば、人びとは社会を形成するにあたって、一度限りの社会契約などではなく、むしろ試行錯誤を繰り返すことで、社会的規則を形成します。彼はそのようにして形成される規則を「黙約《もくやく》」と呼びました。「社会契約」じゃなくて「黙約」だ、と言われても、一体何が変わったのかわかりにくいかもしれませんが、これは翻訳の問題でもあります。「黙約」の原語は convention で、むしろ「慣習」と訳すこともできます。つまり、**社会は契約によってではなく、試行錯誤を通じて、習慣的に形成されていくもの**なのだ、という考え方が示されているわけです。

たとえば、小舟を漕ぐ二人の者は、櫂を動かすとき約定をとり交わすことは決してしないが、合意ないし黙約によって櫂を動かす。これに劣らず、所有の安定に関する規則も人間の黙約からくる。けだし、この規則は漸次に起り、その力は徐々に、すなわち規則違反の不都合を反復して経験することによって、獲得されるのである。（ヒューム『人性論』第4巻 63ページ）

ヒュームのこれらの考え方は、この後に出てくるアダム・スミスの思想に大きな影響を与えました。実際、彼らは親友同士でもあったのです。

≫公平な観察者──スミス

他人に対して共感をもつような個人が、試行錯誤を通じて徐々に社会を形成するプロセスは、アダム・スミスによって、きわめて明快に定式化されました。スミスというと『国富論』（1776）がよく知られており、もちろん、本書でもこの後登場しますが、ここでは彼のもう一つの主著とも言うべき『道徳感情論』（1759）をご紹介しようと思います。

スミスの想定する個人も、ヒュームと同じように、他人に対して「共感」をもつ個人です。原語もヒュームと同じで sympathy なのですが、なぜかスミスの方は「同感」と訳されることが多いようです。

> 人間というものをどれほど利己的とみなすとしても、なおその生まれ持った性質の中には他の人のことを心に懸けずにはいられない何らかの働きがあり、他人の幸福を目にする快さ以外に何も得るものがなくとも、その人たちの幸福を自分にとってなくてはならないと感じさせる。他人の不幸を目にしたり、状況を生々しく聞き知ったりしたときに感じる憐憫や同情も、同じ種類のものである。（スミス『道徳感情論』57ページ）

これを出発点として、社会形成のプロセスが論じられるわけですが、この点については、堂目卓生《どうめたくお》氏が大変に明快に整理されているので（堂目卓生『アダム・スミス』39ページ）、それを用いようと思います。表現は多少短くしてあるので、ご了承ください。

①私は他人の感情や行為に関心がある。
②他人もまた私の感情や行為に関心をもつであろう。
③私はできるだけ多くの人から是認されたい。
④私は、経験から、みんなから是認されることと是認されないことがあることを知っている。
⑤その経験に基づいて、心の中に「公平な観察者」を形成し、それに基づいて自分の感情や行動を判断する。
⑥他人に対しても、「公平な観察者」にしたがって、その感情や行動を判断する。
⑦他人もまた、各自の「公平な観察者」の判断に基づいて、私の感情や行動を判断するであろう。

①〜④は説明の必要はないと思います。ポイントはやはり⑤です。自分がやりたいことだけをやっていては、人から是認されません。そうすると心の中の「公平な観察者」は、「気

持ちはわかるけど、それはみんなから是認されないからやめたほうがいいよ」というわけです。⑥も同じです。人の行動を評価するときも、どうしても好き嫌いや、身内かそうでないかなどに影響されて、判断が歪んでしまうものですが、心の中の「公平な観察者」は、「君はそう思いたいかもしれないけど、人びとはそれを認めないと思うな」などとアドバイスをすることになります。

というわけで、結局、私は自分が行動するときも、他人の行動を評価するときにも、この「公平な観察者」が是認するものとなるように努力することになるのです。

こうして、ヒュームやスミスの議論によれば、**社会は権力を委譲された強力な政府によって調和するのではなく、共感・同感をもつ人びとの試行錯誤を通じて、習慣的・自生的に調和を生み出す**ことになります。まさにこの点に、後の自由放任主義を支える潜在的な論拠となるものの萌芽を見ることができると思います。

ここで、さらにもう一つ注目したい点があります。それは、このスミスの論理展開の方法です。「同感」という、誰もが認めるであろう基本的な原理から出発して、社会が形成されるメカニズムを順々に演繹するこのスタイルは、まるでニュートンが、「万有引力」という基本原理から物体や天体の運動を説明するやり方に通じるものがあるのです。ニュートンの『自然哲学の数学的諸原理』が刊行されたのは１６８７年ですが、まさに自然科学の世界では、それまでの思弁的なスタイルから、理論的・実証的なスタイルが大きな成果をあげて、飛躍的な進歩を遂げていました。経済学の分析スタイルもまた、否が応でもその影響を受けたのです。人間社会もまた、自然とともに神が創った秩序である以上、自然科学と同じスタイルでそれを明らかにするべきであり、またすることができるに違いない、それは当時の思想家、哲学者にとって、なんとも魅力的な方向性だったことでしょう。こうして少しずつ、われわれが今日知っている「経済学」というものに近づいてきたわけです。

4／営利活動の見直し ― 金儲けもそんなに悪くない

さて、その後の経済学の展開をお話しする前に、ここでもう一つの重要な問題について述べてみようと思います。それは、中世の終わりごろから近代に向かって、さまざまな考え方が大きく変化してきたということです。結果として、それまで蔑視されていた**商業活動や利潤追求活動が徐々に市民権を獲得する**ようになります。そうなって初めて、経済学も一つの思想・理論として市民権を得るようになり、さまざまな優れた論考も生み出されるようになるのです。

たとえば、中世後期を代表する哲学者・神学者であるトマス・アクィナス（Thomas Aquinas, 1225〜1274）は、取引における「公正な価格」について論じたことで知られています。ということは、公正でさえあれば、堂々と胸を張って商取引をすることができるようになったのです。キリスト教の神学者の側からそういう議論が出てくること自体、社会の様子がずいぶんと変わってきたことがうかがえます。

トマスは、相変わらず、お金を貸して利子を取ることについては否定的ですが、返済が遅れたときの補償としてプラスアルファを受け取ることは認めているのです。もう、利子を認めるまで、歩いて五分という感じがしませんか。それだけではありません。お金を出し合って商売をした利益を、出した人たちが分け合うことの正当性も認めているのです。合資会社、いや、さらに進めば株式会社の考え方にも通じるものです。

実際、中世も後期になるとさまざまな商業取引手段が工夫されるようになり、国をまたいでの決済や、為替取引も行なわれるようになり、両替レートをちょっと工夫すれば、利子に相当するものを取引に含めることは容易だったのです。そして、イタリアで複式簿記が発明されたのは14世紀の半ばだったと言われています。それらが相まって、まさに商業革命と呼ぶべき状況が起こってきました。こうして経済活動の側からも、近代社会の成立が用意されていったことになります。

≫聖人である必要はない ― マンデヴィル

近代の訪れを象徴する契機となったものといえば、何と言ってもルネサンスと宗教改革でしょう。そしてそれらを経て、社会や道徳に関する人びとの考え方にも大きな変化が訪れます。

本章末のコラム1－1で取り上げますが、ルネサンスは人間中心の考え方を普及させることになりました。そして宗教改革は、それまで貧しいことを美徳とし、お金持ちは天国に行けないという考え方を大きく変えることになります。変わって、勤勉に働くことこそが美徳と考えられるようになったのです。そしてそれによって、人びとが経済的な繁栄を享受する商業社会――資本主義のことです――への評価というものも自ずと変わってくるわけです。

商売に励んでいた人たちは、決して道徳的に高潔な人びととみなされていたわけではありません。しかし、そもそも社会が調和し、繁栄するためには、それを構成する人びとが聖人や高潔な善人ばかりでなければならないのでしょうか？

いや、必ずしもそうである必要はないと主張したのが、マンデヴィル（Bernard de Mandeville, 1670～1733）です。社会の繁栄を考える場合には、それが清く正しく美しい、道徳的な人びとの集まりである必要はなく、むしろ逆であるという議論を展開しました。放蕩や享楽にふける人びと、それればかりでは困るかもしれませんが、そういう人びとも含めて、普通にいろいろな人びとがいるという出発点からも、社会的繁栄は実現できるというのです。商業社会が見直されるというのは、まさにそういうことなのです。

マンデヴィルは、生まれたのはオランダですが、お医者さんになり、最終的にはイギリスに永住しました。彼の主著である『蜂の寓話　私悪すなわち公益』（1714）には、「ブンブンうなる蜂の巣――悪者が正直者になる話――」という風刺詩が含まれており、これは当時、大変な反響をもたらし、また後の思想家にも大きな影響を与えました。この寓話は次のような書き出しで始まります。

あるひろびろとした蜂の巣があって
奢侈と安楽に暮らす蜂でいっぱいだった。（マンデヴィル『蜂の寓話』11ページ）

しかしそこには繁栄がありました。そこは奢侈《しゃし》と安楽と放蕩にあふれているのですが、それはそれでそれなりに治まっていたのです。

これこそ国策というものであって

各部分の不平も全体ではよく治めた。
ちょうど音楽のハーモニーのように
いろいろ不協和音を基調に合わせた。
まるっきり反対のもの同志が
いわば腹いせから助けあって、
節制は節酒とともに
暴飲と暴食につくす。（マンデヴィル『蜂の寓話』20－21ページ）

いろいろな人がいて、凸凹があっても、それらがそれなりに相殺し合っていたのだ、ということでしょう。

しかし、このような社会は神の怒りを買ってしまい、あらゆる欺瞞や怠惰は一掃されてしまいます。

だがジュピター神は憤りで身をふるわせ
「わめく蜂の巣から欺瞞を一掃する」と
ついに怒って誓うや実行した。（マンデヴィル『蜂の寓話』24ページ）

では、その結果、この蜂の社会はより平和で善良な社会になったのでしょうか？　そうではなく、むしろその逆になってしまったのです。

莫大な金額を毎年使う
人びとが絶えたのみでなく、
それで暮らした大勢の者もやむなく
毎日それにならうことになったからだ。
他の商売に飛びつくがだめで
どこも同じく人があまっていた。（マンデヴィル『蜂の寓話』30ページ）

軽薄で気まぐれな時代はすぎて
服も流行も長つづきする。
贅沢な絹と銀を加工した織り屋も
その下に従う商売もみんな消えた。（マンデヴィル『蜂の寓話』32ページ）

そして、この寓意から得られる彼の結論はこうです。

正義で裁断され縛られると
悪徳にも同じく利益がある。
いや国民が偉大になりたいばあい
ものを食べるには空腹が必要なように
悪徳は国家にとり不可欠のものだ。（マンデヴィル『蜂の寓話』35ページ）

実はこのような考え方は、マンデヴィルに特有のものではありません。とりわけ、富裕な人の奢侈的な支出が、貧しい人びとに仕事を与え、富を社会全体に行き渡らせるという考え方は、この後に見る重商主義者にも見られますし、何よりその後のアダム・スミスにも見られるのです。そしてお気づきの方もおられるかも知れませんが、これはのちのケインズの有効需要の考え方に連なるものですが、それについてはまた後ほど。

≫宗教戦争よりはマシだ ― ヴォルテール

都市における商人の地位が向上し、商業的利益の追求が社会的に見直されるにあたって、同じく大きな役割を果たしたのがヴォルテール（Voltaire, 1694～1778）です。彼はフランスの哲学者ですが、単に哲学者であるにとどまらず、著述活動を通じて社会に大きな影響力をもつという意味で、今で言う「社会評論家」の先駆けのような存在でもありました。そもそも「ヴォルテール」という名前自体がペンネームのようなもので、本名は、フランソワ＝マリー・アルエ（Francois-Marie Arouet）といいます。

商人による利益の追求を蔑む人は、当時であれば、信仰心や宗教的情熱こそが清らかで高潔なものであると考えたでしょう。しかし、実際のところはどうだったでしょうか？

16・17世紀のヨーロッパは、世界史の教科書に出てくるようなものだけでも、ユグノー戦争（フランス）、80年戦争（オランダ）、30年戦争（ドイツ）——どれも長いですねえ——と、**宗教的対立にともなう内戦、大量虐殺、異端者の追放に明け暮れていた**と言っても過言ではありませんでした。

自分だけでなく、自分の隣人も愛しなさい、と教えているはずが、隣人が異教徒であったり、異なる宗派であったりした途端に、想像を超えるほど残虐な殺戮が平然と行われるのはどうしたことでしょう。

ヴォルテールが強調したことは、宗教がその宗派をめぐって大きな戦争とそれによる厄災をもたらしたのに対し、**商業都市では、異人種、異教徒・異宗派同士が、互いに心の中では相手を軽蔑しつつも、商売のために争いを避けて合意を得ようとする**点でした。高潔であるはずの宗教的情熱よりも、経済的利益を追求する情熱のほうがまだしも健全であるというわけです。

さて、ロンドンの王立取引所にあなたも入ってごらんなさい。そこは裁判所などよりも、はるかに尊ばれるべき場所である。あなたがそこで目にするのは、あらゆる国の代表者たちが人類の利益のために寄り集まっている光景だ。そこではユダヤ教徒、マホメット教徒、キリスト教徒があたかもみんな同じ宗派であるかのように、たがいに取引をおこなっている。ただ、破産なんかした者だけがみんなから異教徒呼ばわりされる。そこでは、長老派も再洗礼派を信用して掛けで売り、イギリス国教徒もクエーカーから約束手形を受けとる。そして、この穏やかで自由な集まりから出ると、ある者はユダヤ教会堂に行くし、ある者は酒を飲みに行く。ある者は、父と子と精霊の名において大きな水槽のなかでおこなわれる洗礼を受けに行くし、ある者は、自分の息子のペニスの包皮を切らせ、親にもわからないヘブライ語の文句を子供のためにもぐもぐ唱えてもらう。また、ある者たちは例の大きな帽子をかぶって、自分たちの教会に行き、そこで神の霊感が下るのを待つ。こんなふうにして、誰もが満足している。（ヴォルテール『哲学書簡』57－58ページ）

彼らは恐らく、心の中では異教徒、異宗派の人びとを軽蔑しているに違いないのですが、それでも利益のため、商取引を成立させるために笑顔で握手するのです。そちらのほうがよほど平和に貢献しているのではないかとヴォルテールは言っているのです。

実はすでにご紹介したアダム・スミスも、同じ趣旨のことを述べています。誰もがお互いの助けを必要とするような社会で、その助けが友情や友愛に基づくのであれば、それに越したことはないのですが、仮にそうでなくても、社会は存続するのだ、と言っています。

とはいえ、必要とされる助力がそうした寛容で無私の動機から与えられるのではないとしても、また社会の成員の間に相互の愛や好意が存在しないとしても、社会は多少住心地が悪くなるかもしれないが、必ずしも空中分解するわけではない。商人同士なら互いに愛や好意などなくても効用を感じてやっていけるように、社会もそうしてやっていけるものである。社会の成員が誰一人として互いに恩義を感じず、感謝の念も抱いていないとしても、互いが合意した価値評価に従い、損得勘定のもとに助けを貸し借りすれば、社会は維持されよう。(中略) したがって、社会の存続にとって善は正義ほどには必須ではない。善行がない社会というものは、あまり快適ではあるまいが、それでも存続しうる。

(スミス『道徳感情論』221-222ページ)

スミスはこの後に、実際フランスに行ってヴォルテールに会っています。いずれにしても、商業社会への評価は、徐々に、われわれのよく知っているそれに近づいていきます。こうして、経済学というものにも、それ相応の役割が期待されるようになり、学問として発展を始めることになります。

5／金銀・財宝を求めて ―重商主義

15世紀の半ば以降、近代国家が出現し、その権威が確立します。ほぼ時を同じくして、新大陸、新航路が発見され、征服した新大陸からは多くの富がもたらされるようになります。都市では商人階級の地位がますます向上します。この時代の近代国家は主に絶対王政ですが、その国家権力は必然的に商人階級の経済力と結びつくことになります。互いに争う近代国家にとって、国力は経済力なしには考えられなかったでしょう。そして、そのような国家の繁栄をもたらすための経済政策を提言するものとして、経済学も市民権を獲得し始めます。

十五世紀半ばから十八世紀半ばにかけて展開されたそのような経済政策の数々は、今日では重商主義と呼ばれています。これは商業資本主義とも呼ばれるもので、本書で説明した資本主義のうち、商業を通じて資本を拡大する様式を意味します。

この重商主義政策の特徴を列挙すると、次のようになります。

①価格・商品の独占的支配を是認した。
②外国貿易を一国の富と豊かさを実現する手段として賛美した。
③貿易商人を一国の福祉に奉仕するものと評価した。
④貿易利益は、輸入からではなく、輸出から得られると考えた。
⑤貿易が商人だけでなく、その国をも繁栄させるようにするためには、国家の監督、指導、干渉が必要であると考えた。
⑥貿易利益は、貿易がその国の貴金属・財宝を増加させる程度によって判断された。

≫貿易による金銀・財宝の獲得―マン

この点に関してよく引用されるのがトーマス・マン（Thomas Mun, 1571～1641）です。同名のドイツの小説家とはもちろん別人です。綴りもちょっと違います。こちらのマンは、イギリスの東インド会社でおおいに成功した貿易商人であり、『外国貿易によるイングランドの財宝　貿易収支こそわが宝のものさし』というパンフレットが彼の死後、１６６４年に刊行されました。ちなみにアダム・スミスも『国富論』の中で、代表的な重商主義者として言及しています。

マンの主張は、重商主義政策の典型ともいうべきものです。

それゆえ、わが国の富と財宝を増加するための通常の手段は、外国貿易によるのである。そのばあいに、われわれがつねに守らなければならない原則がある。すなわち、年々、われわれが消費する外国商品の価値額よりもなお多く外国人に販売すべし、ということこれである。（マン『外国貿易によるイングランドの財宝』17ページ）

まさにそのものズバリという感じですが、現代の話ではありません。でも、そう感じる人も多いでしょう。とはいえ、われわれが住んでいる現代国家の通商政策が、三〇〇年以上前の重商主義政策とまったく無縁だなどと言うことはできないのです。

しかしマンを読んでいて感心するのは、その政策論議だけではありません。この時代、商人というものがいかに尊敬に値する人びとであるかを、これでもかというほど論じています。古代、中世とは大きく時代の考え方が変わったのだ、ということを認識させられるのです。

そもそも貿易商人は、実に王国の富の管理者と呼ばれていて、他の国民と通商を営むものだ。だが、それは、責任のみならず栄誉もともなう職務であるから、すぐれた手腕と誠意とをもって遂行し、つねに、私の利益が公の福祉に従うようにせねばならぬ。（マン『外国貿易によるイングランドの財宝』11ページ）

実際、マンが息子に伝えたことによれば、商人は、会計、金融、保険、諸々の契約書、諸外国の言語、貨幣、度量衡、租税制度、経済情勢、船舶の品質や仕組み、航海術、などに加えてラテン語も必要である、と言っています。彼は、当時のイングランドでは、他国ほど商人の評価が高くないことを嘆いてはいますが、そうは言っても、中世までの時代とは大きな違いだったのです。

≫社会的利益のための政府――ステュアート

今日では、重商主義者というと、輸出促進政策を通じて金銀・財宝を追い求めていたという部分だけが強調されがちですが、実際のところは必ずしもそうではありません。彼らの政策論議には、ある意味では、経済現象の認識や政策のあり方について、きわめて今日的な感覚が感じられるのです。

これは後で述べますが、むしろ19世紀（特に前半）の経済学のほうが、経済メカニズムをもっぱら生産の側から捉えすぎており、貨幣的な要因を無視しすぎているという意味で、違和感があります（少なくとも筆者には）。そういう意味では、重商主義の政策論議というのは、今日においてもっともっと評価されてしかるべきだと思います。

では、その一端をご紹介しましょう。取り上げるのは、ジェームズ・ステュアート（James Denham Steuart, 1712～1780）です。同じ名前の映画俳優がいて、検索するとまっさきにそちらが出てきますので、名前と一緒に「重商主義」と入れるとよいと思います。この人はスコットランドの貴族でしたので、Sir《サー》をつけて呼ばれることも多いです。「最後の重商主義者」とか「最初の経済学者」などと称されることもあります。実際、経済学に political economy という言葉を当てはめたのは、彼が最初だとも言われています。

ステュアートは、マンデヴィルのところで取り上げたような奢侈に基づく支出というものを評価します。もちろん、重商主義者として輸出も奨励します。しかしその目的には、人びとにパンを与え、働く人びとに仕事を与える、まるで戦後の福祉国家のような発想があるのに驚かされます。


こうして、ここに奢侈の導入が施政の合理的で賢明な方策となるという事例が存在する。そしてこの施政の推進が、もっぱら勤労者に仕事を与えて彼らを維持するという動機によって加速されるのであれば、同じ精神がすぐに、有能な為政者の指導のもとでは、国内の奢侈の要求を外国人のそれにとって替えることによって、外国貿易の復興と公共の福祉の促進とをはかるのにいっそう適した一つの新しい水路に勤労を向かわせるだろう。（ステュアート『経済の原理』241－242ページ）

国内だけでなく、外国人の奢侈のために輸出を奨励しているわけですが、それは単に金銀・財宝のためではなく、勤労者に仕事を与えて、それを維持するためだと言っているのです。

また、この時代の政策論議らしく、ステュアートは政府による価格の規制も否定しません。しかしそれも、政府が商人と結びついて利益を独占するといった話ではないのです。

為政者は、生活資料のうち国内消費に必要な分量については、一定の基準価格以上にするような外国からの競争をいっさい排除しなければならないし、また、価格が過度に下落するときに農業者の肩にのしかかるかも知れないどんな余分な負担も、輸出に対するプレミアムによって彼らから除去してやらなければならない。（ステュアート『経済の原理』245ページ）

筆者は本章の冒頭で、「自己の利益を追求する自由な個人の活動は社会的な調和をもたらすか」という問題提起から始めました。時代の違いはもちろんありますが、ステュアートの議論は逆から攻めています。政府は社会の利益を促進するべく政策を行ない、その結果、各個人に利益がもたらされるのです。また、そうでなくてはならない、と言っています。それはそれで一つの考え方であると言えるのではないでしょうか。

為政者は、社会全体の利益の増進こそが各個人にとっての私的な利益の直接的な目的にかなうものだと考えなければならないし、また彼は、公共の貨幣を公平に運用することによって、まさにそうであることをはっきりと示さなければならない。

この原理から、社会に租税を負担させるという、すべての政府に付与されている権限が生じてくるのであって、それは国家の繁栄を促進するためのものである。そしてこの目的を達成するには、租税額を仕事と需要の水平な均衡の維持に充てるのが最も効果的である。商業国家の健康は主としてこのことに依存しているからである。（ステュアート『経済の原理』246ページ）

ここにはケインズの有効需要の原理が、財政政策の萌芽が、しかもマクロ的な均衡の概念とともにあります。残念ながらそのような理論が経済学において再び日の目を見るのは、この170年後です！

私は、同じスコットランドでやや後輩のアダム・スミスがステュアートをどう評価していたのかが大変気になります。しかし、スミスは彼にまったく言及していないのです。

コラム 1-1　人間が舞台の中心に ―ルネサンス

イタリア、フィレンツェのウフィツィ美術館の最初の部屋には、その正面にジオット（Giotto di Bondone, 1267〜1337）の描いた聖母子像がドーンと置かれていて、観る人を圧倒します。この絵は何がそんなに凄いのでしょうか？　いまの感覚から見れば、「まるで写真のようだ！」というような絵では全然ありません。

ジョット　オンニサンティの聖母

その隣には、チマブーエ（Cimabue, 1240〜1302）の聖母子像が置かれています。チマブーエはジオットの師匠であり、当時並ぶ者のない大巨匠でした。チマブーエの絵は平面的ですが、直線的な線が美しく、当時の聖母子像の様式を見事に体現している、まさに職人技と呼び得るものです。描き方の様式があって、その枠内で良い仕事をする人が良い画家だったのです。つまり、画家は芸術家ではなく、職人だったわけです。

その師匠のチマブーエに比べると、ジオットの聖母子像は、ずっと素朴な感じなのですが、座っている聖母マリアの膝がこちらにドンと突き出しているような、何やらそこに「人」がいるかのよう立体感をもっています。

私は、当時の人びとは、これを観てたまげたのではないかと思うのです。聖母マリアとその幼子イエスを「まるでそこに人がいるように」描くなんてやり方は、それまで考えられなかったと思うからです。聖人が普通の人間のように描かれる——そう、それこそルネサンスの先駆けだったのです。

チマブーエ　サンタ・トリニタの聖母

とはいえ、ジオットは早すぎる先駆者でした。このあとヨーロッパでは、ペストの流行などもあり、革新の風は頓挫します。しかし、その約百年後には、マザッチオ(Masaccio, 1401～1428）などの天才たちが、幾何学的遠近法などを駆使して、「リアルな」情景を、人間的な表情とともに描く技法を次々と発展させていきます。

さて、時代はさらに下って、レオナルド・ダ・ヴィンチ（Leonardo da Vinci, 1452～1519）の「最後の晩餐」はご存じでしょう。この場面はイエスが捕縛・処刑される前に12人の弟子たちと最後の食事を共にした場面であり、そこでイエスが「この中の一人が私を裏切ろうとしている」と予言したとされています。

このダ・ヴィンチの絵の凄さを理解するためには、それまでこの主題がどのように描かれていたかを知るのがよいでしょう。試しにドメニコ・ギルランダイオ（Domenico Ghirlandaio, 1449～1494）の「最後の晩餐」を観てください。ちなみにこの人は、ミケランジェロ（Michelangelo Buonarroti, 1475～1564）のお師匠さんです。

ギルランダイオの絵では、イエスと弟子のうち11人までがテーブルの向こう側にずらりと並び、テー

ダヴィンチ　最後の晩餐

ブルを挟んで反対側に一人だけぽつんと裏切り者のユダが座っています。

「この中の一人が私を裏切ろうとしている」
「はい、誰がどう見ても私です」

ということになってしまいそうですね。もちろん、字が読めない人が圧倒的に多かった時代には、こういうわかりやすい構図の絵が教会に置かれていることは、それなりに重要だったわけです。

それに対して、ダ・ヴィンチの絵では、イエスと12人の弟子はすべて同じ側に一列に並んでいます。まあ、それはそれで不自然ですが、それは言いっこなしで……。

「この中の一人が私を裏切ろうとしている」
「ひえ〜、それは本当ですかい！」
「そいつはふてえ野郎だ！　おい、お前誰だか知ってる

ギルランダイオ　最後の晩餐

か？」

「先生！　まさか私を疑ってるんじゃないですよね」

「……！」

裏切りの報酬である銀貨の袋を手に、絶句しているのがユダです。まさに場面が騒然とした状態を、そのまま切り取ったように描いているのです。当時の人びとは、それこそ腰を抜かすほど驚いたのではないでしょうか。まるで目の前で人間ドラマがダイナミックに展開されているのを、リモコンで一時停止したような「最後の晩餐」なのですから。

ここにおいて、聖人たちが普通の人間のように描かれる様は、その真骨頂を迎えています。**神や聖人に取って代わって、普通の人間が舞台の中心になる――。近代とはそういう時代であり、ルネサンスはまさにその幕開けの一つ**だったのです。

いかがですか。読者のみなさんも、当時の人びとの気持ちになって、ルネサンス絵画を驚きの眼で追いかけてみては。絵を観る面白さがぐっとアップすること請け合いですよ。

コラム１−２　国際関係の社会契約論

ヒュームやスミスが、ホッブスらの社会契約論を批判する根拠は、人間は単に利己的なばかりではないという点と、そもそも「自然状態」やら「社会契約」やらが哲学的なフィクションに基づいているという点でした。

なるほど人間についてならば、筆者もヒュームやスミスの考え方に共鳴する部分が少なくありません。しかし、話が国家についてだとしたらどうでしょうか？

筆者は常々、**社会契約論は、個人個人が社会秩序を形成する理論としてよりも、現代の諸国家が世界経済秩序を形成するメカニズムとして理解するときに、その現実性を際立たせる**のではないか、と考えてきました。もちろん、そのように考えたのは、筆者が最初というわけではありません。

国家だって利己的なばかりとはいえないのではないか、という意見もありそうです。難民を受け入れたり、援助したりだってするじゃないか、というわけです。しかし、国家というのは、それ自体が一つの人格ではありませんから、その行動に「同感」とか「公平な観察者の是認」などというものを想定するには無理があります。やはり「国益」を第一に優先しない国家は考えにくいと思いますし、外国人に対してどれほど博愛主義を奉ずる人も、オリンピックでは自国の選手を必死に応援したりします。また、自国の人がノーベル賞を受賞したり、スポーツの国際舞台で活躍したりすると、決まってニュースで報道されます。国民一人ひとりには、程度の差こそあれ、ナショナリズムという利己性が存在しているのです。

そして何よりも重要なことは、国家がその主権を思うままに行使したら、万国の万国に対する戦争状態になってしまうことは、もはやフィクションなどではありません。われわれが世界史の授業で見てきた通りの、厳然たる事実なのです。その結果、とりわけ二度の世界大戦を経て、諸国家は自国の主権を一部「自制」ないし「放棄」することを通じて、世界に秩序を保とうとしてきた、と言えるのではないでしょうか。

では、その「自制」した主権を委ねる先は何でしょうか?

一つは国際法や国際機関であり、もう一つが世界のリーダーたる覇権国だったのではないか、と思うのです。それが覇権国である場合には、覇権国はみずから主権を自制するメンバーであると同時に、その主権の一部を委ねられる対象でもあります。言うまでもなく、それはかつてのイギリスであり、戦後のアメリカでした。他方で、ヨーロッパ諸国はその主権の一部をEU（ヨーロッパ連合）という国際機関に委譲しているわけです。

いずれにしても各国は、その主権の一部を自制、委譲することを通じて、そして覇権国や国際機関がその委譲された主権を調整することを通じて、「万国の万国に対する戦争」を避けてきたのだと考えられるわけです。筆者はよく授業で、学生に「ＥＵって何？」と聞きます。しばしば返ってくる答えが、「国の集まり」というものです。しかし、ＥＵは単なる国の集まりや、首脳会議の場ではありません。ＥＵに加盟するということは、それぞれの国は自らの国家主権の一部を諦めて、ＥＵに決定権を委譲するということなのです。

ＥＵがリヴァイアサンとして機能するためには、ＥＵは強い権限をもたなければなりません。しかしそのためには、加盟国はそれだけ多くの主権をＥＵに委ねなければならないのです。それが嫌で、もはや耐えられないから、イギリスは脱退したわけです。逆に、各国の主権を温存すればするほど、ＥＵの機能は限定的となり、もとの「自然状態」に近づいていくことは言うまでもありません。そう、まさにジレンマなのです。

国際法というのは、それがあったとしても、残念ながらその強制力がきわめて限られています。国際法を守らなかった国を、強制力をもって罰することはできないのです。地球を統治するリヴァイアサンはいませんし、そんなものをたぶん誰も望まないでしょう。そうすると、自制した主権の委譲先としてもう一つ残っているのが、覇権国ということになります。しかし、アメリカのトランプ前大統領は、みずからリーダーとしての調整役を放棄すると同時に、みずからの主権の自制をも放棄して、自国優先主義を建前なしに主張したことは、まだまだ記憶に新しいところです。

1930年代の世界大恐慌においても、当時のリーダーであったイギリスと新たにリーダーになることが期待されていたアメリカは、どちらも自国中心主義に陥ることで、その役割を放棄してしまいました。そして世界は、第二次世界大戦へと突入していったのです。

いつの頃からか、世間では「〇〇ファースト」というのが流行っているように思います。それは「〇〇優先主義」ということです。利己的であることは別にいいのですが、誰もがそればかりを主張すれば戦争状態になることは避けられないでしょう。やはり問題は、どれとどれについて、どれだけ主権を自制できるかであり、それを誰にどのように委譲するか、ということなのだと思います。

いやあ、社会契約論って、やっぱりなかなか深いですよ。

第2章 自由放任主義の台頭

HISTORY OF ECONOMIC

古代の人間理想が賢者であり、中世のそれが聖者であったように、近代のそれは企業家であるといい得るであろう。（三木清『人生論ノート』76ページ）

隠された調和は、開かれた調和よりも優れている。（ヘラクレイトス『断片集』断片０５４）

1／なすに任せよ！―フィジオクラット

18世紀後半、他の国と比べて農業の権益が強かったフランスでは、重商主義に対して批判的な学派が登場します。彼らは「フィジオクラット」と呼ばれますが、まさに経済学の歴史で最初に形成された「学派」だったと言ってよいのです。フィジオクラシーphysiocracyとは、physis（自然）のkratos（力）、すなわち「自然の支配」を意味する言葉です。それを主張する一派の人たちをフィジオクラットと言うわけです。日本語では「重農主義者」とも言われます。主な人物としては、フランソワ・ケネー（François Quesnay, 1694~1774）やジャック・テュルゴー（Anne Robert Jacques Turgot, 1727~1781）などが知られています。

彼らは、まさに二つの意味において「自然の支配」を主張しました。一つは、あらゆる富は農業からのみ生み出されるのであって、その他の商業・工業は何ら富を生まないと考えました。もう一つは、その政策的主張の根拠がまさに「自然法思想」に基づいているということです。神の創造したこの世界は、人間の営みも含めて、あるがままが一番良い状態であり、人為的な介入などは有害無益である、という考えです。

各人が、自分の利害と財力、土地の資質に見合った生産物を、自分の畑で自由に耕作すること。そうすれば、できうる限り最大の生産物が得られることになるのである。（ケネー「農業王国の経済統治の一般準則とそれら準則に関する注」第XIII準則、152ページ）

しかし、何よりもフィジオクラットが斬新だったのは、彼らが「経済システム」と呼ぶべきものを初めて描写したことです。眼の前の特定の経済問題への政策的な提言ではなく、**経済を一つのシステムとして捉え、その全体における生産物の流通経路を描写**しました。それがケネーの『経済表』（1758）です。ちなみにケネーは、ヴェルサイユ宮殿の宮廷医師でした。まさに人体における血液の循環のように、社会における生産物の流通・循環を描きました。それはニュートンに代表される自然科学の手法を、経済社会にも適用したものです。つまり、**経済現象を対象に自然法則を導き出そうとする最初の試み**だったのです。

自由放任主義を象徴するよく知られた標語、レッセフェール（laissez-faire）というフランス語（「なすに任せよ」という意味です）は、まさにフィジオクラットの政策提言でもあります。第1章でお話しした重商主義の政策論議とはまさに正反対です。

交易の完全な自由が維持されること。なぜなら、最も安全かつ最も厳格であり、国民と国家にとって最も利益をもたらすような国内交易と外国貿易の取り仕切りは、競争の自由が完全であることに存するからである。（ケネー「農業王国の経済統治の一般準則とそれら準則に関する注」第XXV準則、155ページ）

しかし、忘れてはならないのは、その根拠となっているのが、自然のままにあるということは良いことだ、という自然法思想に基づく価値判断です。彼らにとって「ある」ことと「あるべき」ことは同一なのです。今日であれば、そう言われて誰もが納得できるわけではありません。自然のままにあることは、なぜ良いことなのか。その良いことが実現するメカニズムを明らかにする必要があると思いませんか？

そう、まさにそれを明らかにしたのが、アダム・スミスなのです。

2／見えざる手 ― スミス

スミスは本書では2度目の登場ということになります。ヒュームが共感をもつ個人を出発点として、社会の形成を論じたことを受け、スミスは『道徳感情論』において、まさにその形成のメカニズムを描きました。そして『国富論』では、フィジオクラットが主張した、競争の自由が社会全体の利益になる、そのメカニズムを描写しました。スミスは、先人の主張するところのメカニズムを解明する才能が突出しているようです。

『国富論』の原題は、An Inquiry into the Nature and Causes of the Wealth of Nationsです。「諸国民の富は、どのような性質のものであって、それがどのように生み出されるのか、に関する研究」という意味です。『国富論』については、すでに多くの優れた研究・解説がありますから、本書ではそのエッセンスのみを取り上げます。特に、スミスは何を主張したのか、そしてそれをどのように主張したのかを中心に説明しようと思います。

スミスが問題にしているのは商業社会です。覚えていますか？　それは、人びとが友愛に基づいて助け合う社会ほど居心地のよい社会ではないかも知れませんが、それでも相応に機能する社会です。したがって、前提となるのは利己的な個人です。もちろん、他人への同感も備えていますし、各自の心の中には「公平な観察者」もいるのですが、基本において自分にとって良いことを重視・優先する個人、これが基本原理としての出発点です。そのような個人が集まって形成される商業社会は、決してカオスにも戦争状態にもならないどころか、むしろ社会全体にとっても良い状態を実現します。

この点に関するスミスの議論を整理すると次のようになります。

①各人が自分の利益を追求する結果、誰もが、人びとがすすんで対価を支払うような活動を行なうようになる。
②自分にとって一番良いものを求めようとするが、同じことを考える無数の人びとと競争しなければならなくなる。
③その結果、商品の価格は生産原価を離れて大きく変動することはなくなる。
④人びとが欲するものは一時的に価格が高くなり、利潤が増加するが、その結果、その生産量もまた増加する。
⑤以上の結果、生産者は社会が必要とする商品を豊富に適正な価格で供給するよう導かれる。

ここで描かれているのは、今日、われわれには馴染み深い市場競争のメカニズム、そして需要と供給による価格調整のメカニズムです。利益を得たい人は、儲かる仕事、つまり何よりも社会が欲する仕事をするのが一番良いはずです。こうして誰もが、利己心に基づいて、人びとの欲するものを生産し、それを生産するような職業に就くことになります（①）。

人びとが欲するものを生産するというのはわかったけど、それは高価なものになってしまうのでは？　いいえ、そうはなりません。なぜなら誰もが同じことを考えるからです。不当に高い値段で売ろうとすれば、同じものをより安く売って利益を得ようとする人に客を奪われてしまいます。それが競争です（②、③）。

でも、人びとが欲するものが社会的に不足していれば、それはやはり高価なものになってしまうのでは？――一時的にはそうなるかもしれません。でも、高く売れるということは、それだけ利益が高いことを意味しますから、もっとたくさん生産しようとしたり、自分もそれに与ろうとする人びとが、次々とその生産に加わることになります（④）。こうしてその財の生産量は増加し、値段も手頃なものになっていきます（⑤）。

結局、人びとが望むものを生産することが、最も利益を生むことであり、誰もが同じことを考える結果、それは社会全体に行き渡ります、そして不当な利益を得ようとする人は、競争によって排除されてしまいます。

スミスは、ガリレオやニュートンが自然の安定的なメカニズムを解明したのとまさに同じように、商業社会のメカニズムを描きました。市場価格は上述したようないろいろな要因で一時的に変動しますが、それらは長期的には適正な価格に調整されていく。スミスはそれを「自然価格」と呼びました。そう、スミスもまた自然法思想の申し子なのです。ただし、彼は「それが自然だから」で終わることなく、そのメカニズムを説得力をもって解明したのでした。

その結果、**利己心に基づく自由な競争を阻害するような干渉は排除すべき**だということになります。とりわけ彼は、当時の政府によって行なわれていた——多くの場合、現在よりはるかにお粗末な——保護や規制に反対しました。

今日、スミスが政府の役割を論じた考えは「夜警国家観」などと呼ばれることもあります。まさに政府の役割とはセキュリティ・ポリスのようなイメージです。実際には、スミスはそれ以上のことを非常に詳しく述べているのですが、とりあえず、どの教科書にも書かれているような代表的なものを挙げておきますと、

① **国防**：社会を他の社会による暴力や侵略から守る。
② **警察、司法**：社会の成員をその他の成員の不正や圧迫から保護する。
③ **公共事業**
④ **教育**

ということになります。

このうち、①と②は、まさに第1章でみた近代国家の基本的機能そのものです。③については、個人ではその費用を賄うことができないけれども、社会全体にとってそれ以上の利益をもたらすような、公共土木事業や公共施設の建設ということで、道路、橋、運河、港などを例に挙げています。同時に、公共事業の中身については、その社会のさまざまな状況、時期に応じて異なるということも述べています。

最後の④については、教育を受ける時間や余裕のない人びとへの支援・奨励、場合によっては義務づけをすべきだと言っています。スミスが分業の利点を論じたことは有名ですが、他方で、**分業は人間を単純な作業の繰り返しに特化させることで、物事を深く考えたり、工夫したりする能力を退化させてしまうことを憂いていた**ようです。

分業が進むとともに、労働で生活している人、つまり大部分の人の仕事は、ごく少数の単純作業に限定されるようになり、一つか二つの単純作業を繰り返すだけになることも多い。そして、大部分の人はかならず、通常の仕事から知識を獲得している。ごく少数の単純作業だけで一生をすごし、しかも、作業の結果はおそらく、いつも同じかほとんど変わらないのだから、難しい問題にぶつかることもなく、問題を解決するために理解力を活かしたり、工夫をこらしたりする機会はない。このような仕事をしていると、考え工夫する習慣を自然に失い、人間としてそれ以下になりえないほど、愚かになり無知

になる。（スミス『国富論』下　368ページ）

とくに国の大半を占めている下層労働者については、政府がそれに対して何らかの対策をとらない限り、そうなる可能性が高く、その結果、国全体が弱体化してしまうと言うのです。

スミスは決して市場メカニズム至上主義者だったわけではありません。そういう安っぽいイデオロギーをふりかざす人とは正反対の、知的なバランス感覚に秀でた人だったと思います。時代的な制約は確かにあったかもしれませんが、**政府の役割がその時その時、その国その国の状況に応じて臨機応変に変化することを、実に健全な現実主義に基づいて理解していた**と思います。教育に関する次の引用は、そんなスミスをよく表しているように思います。

社会の状態によっては、その社会で必要な能力と人格のほぼすべてを、あるいはその社会で可能な範囲の能力と人格のほぼすべてを、政府が何の注意を払わなくても、大部分の住民が自然に獲得できる場合もある。逆に、大部分の住民がそうした能力と人格を自然に獲得できる状況にはなく、住民の大部分が堕落するのを防ぐために、政府がある程度関与すべき場合もある。（スミス『国富論』下　367－368ページ）

スミスが明らかにしたことは、たとえて言うなら、医学において、人間の体には免疫力や自然治癒力があることを明らかにしたこと、に相当すると思います。それは明らかに重要な発見です。でも、それを明らかにした人は、同時に、外部からの人為的な医療措置は一切不要であると主張していることになるでしょうか？　そんなことはありません。飲酒や喫煙習慣、運動不足等々、結果として人間の体を害してしまう外部要因もあり、自然治癒力だけでは応じることのできない病気もあり、場合によってはお医者さんの介入が必要であることを認めるのは、免疫力や自然治癒力を解明することと決して矛盾するものではないと思います。

スミスは商業社会における免疫力・自然治癒力に相当するメカニズムを発見し、明らかにしました。それは疑いもなく、とても重要な現実の一側面です。しかし同時に、それが一側面にすぎないことは、スミス自身が誰よりもわかっていたと筆者は思います。

3／生存賃金やむなし――マルサス

スミスは決してイデオロギーとして自由放任主義を声高に叫んだ人ではありませんでしたが、結果として、同時代の人びとに大きな影響を及ぼしたことは事実であり、とりわけ、政府の経済活動への干渉をやめさせたいと思っていた生産者・商人にとって、とても好都合な理論を提供することになったのでした。

ここではそれに加えて、19世紀を自由放任主義台頭の世紀にした三つの理論を順にご紹介しようと思います。これらの理論は、それぞれの根拠に基づいて、政府の経済的な役割を否定することになりました。

①マルサスの人口論：政府による救貧の否定
②リカードの比較優位の原理：政府による保護貿易政策の否定
③セイの法則：政府による景気対策の否定

こうして、今日の政府であれば、多かれ少なかれ取り組んでいるような活動が、政府の役割として否定されると同時に、自由放任主義はイデオロギー的なスローガンとなっていきます。そしてそれは、政府がそのような活動をするにあたって税を負担しなければならない富裕階級にとって、実に都合のよいものだったのです。

それでは、まずはマルサス（Thomas Robert Malthus, 1766～1834）の『人口論』（1798）からいきましょう。彼は東インド会社で、若い職員を訓練する学校の講師をしていた人ですが、イギリス国教会の牧師でもありました。彼が『人口論』で展開した論点を理論的に整理すると次のようになります。

①出生率、および死亡率は、実質賃金（労働者一人あたりの食糧の量）に依存する。
①実質賃金が高くなるほど、出生率は高まる。
②実質賃金が高くなるほど、死亡率は低下する。
④人口の増え方は幾何級数的であるのに対し、食糧の供給は算術級数的に増えるのがせいぜいである。
⑤出生率が死亡率を上回ると、人口が増大し、食糧の不足から食糧価格が上昇し、実質賃金が低下する。結果として、人口は減少する。
⑥出生率が死亡率を下回ると、逆のプロセスで、実質賃金が上昇し、人口が増加する。

①と②は、一人あたりの食糧の量である実質賃金が上昇すると、生活が豊かになること

で、栄養状態が良くなり、死亡率、とりわけ幼児死亡率が低下し、人びとの婚期も早まることから、人口が増大することを指摘しています。もちろん、逆に実質賃金が下がれば、人口は減少することになります。④に出てくる算術級数とは、一定の「量」ずつ増えていくことを意味するのに対して、幾何級数とは、一定の「率」で増えていくことを意味します。2を一定の量とすれば、算術級数は2、4、6、8…と増えていくことになります。食糧の供給量は、新たに土地を開墾することで、そのように増えていくのがせいぜいだと言っています。それに対して、一定の率を2倍とすれば、幾何級数は2、4、8、16、32…と増えていくことになります。人間の増え方は、このタイプだと言うのです。

結局、労働者の実質賃金は、労働者の数が増えることも減ることもないような、生存水準を維持するギリギリのところに定まる、ということになります。実質賃金が上昇すると、すごい勢いで人口が増えるけれども、食糧生産はそのテンポに追いつけないから、結局、実質賃金は下がらざるを得ない。その結果、人口はもとに戻って減ってしまうというわけです。こういうことを指摘したのは、マルサスが初めてではないと思います。ただ、マルサスの場合、算術級数とか、幾何級数といった**数学的な用語を使って、それがあたかも自然法則のメカニズムであるかのような、いかにも科学的な装いをもって主張された**ことが、大きな影響力の一因だったと思われます。

マルサスはこの理論で武装することで、政府による救貧を徹底的に批判します。イギリスでは、16世紀から国家による救貧の制度があり、17世紀には「エリザベス救貧法」が施行されました。それは、今日われわれが知っているものとは比べるべくもない粗末で厳しいもの——実際には強制労働を課す〝収容所〟と言うべきもの——でしたが、少なくとも政府の役割として、それが存在していたことは事実です。マルサスの時代にも、それを改定したものが施行されていたのです。それに対してマルサスは、救貧法の存在がかえって貧しい人びとの生活環境を悪化させていると言うのです。

> 第一の明らかな傾向は、人口を支える食糧を増加させないまま人口を増やしてしまうことである。貧乏人は、独立して家族を扶養できるという見通しを、ほとんど、あるいはまったくもたないまま結婚してよいことになる。したがって、救貧法は救貧法をささえとする貧乏人をつくりだすとも言える。（マルサス『人口論』75ページ）

彼の人口論によれば、救貧を行なったところで、ただちに人口の増大が起こり、それが食糧不足を引き起こして、結局、さらに貧しくなって人口を減少させることになります。つまりそれはやっても無駄なわけですが、それだけにとどまらず、国全体の生産が増加するのでない限り、救貧のためには、結局、他の人から食糧を奪わねばなりません。つまり、それは無駄なだけでなく、害悪でもあると言いたいのです。

貨幣によって貧しい人を上に引き上げ、以前よりもよい生活ができるようにするのは、同じ階級の別のひとびとをその分だけ下に押し下げることによってのみ可能となる。（マルサス『人口論』72ページ）

さらにマルサスは、貧しい人びとを道徳的観点からも非難するのです。

個々のケースでは厳しい言い方になるかもしれないが、人に依存せざるをえないような貧困は恥と考えるべきである。こうした厳しさこそが、人類の大多数の幸福を促進するためには絶対に必要である。この厳しさを弱めるような全体的な試みはすべて、たとえその意図が見るからに善意であろうと、かならず失敗するであろう。（マルサス『人口論』76－77ページ）

ここには、近代における労働観の大きな変化が反映されています。第1章で、近代を特徴づけるものとしてルネッサンスと宗教改革を挙げました。この宗教改革が人びとの労働観に大きな影響を及ぼしたと考えられます。それまでカトリックの社会では、むしろ貧しいことは良いことだったはずです。すでに何度か触れたように、「富裕な人は天国には行けない」とイエスも言っていたはずです。ところがプロテスタント、とりわけカルヴァン派の考えでは、人びとが救済されるかどうかは全能の神がすでに決めていることです。人間ごときがちょっと良いことをしたり、お祈りをしたりしたぐらいで、神の決定が左右されるはずもないのです。とはいえ、自分が神に選ばれて救済されるかどうかは、当時の人びとにとってはまさに死活問題です。そこで神に与えられた天職を勤勉にまっとうすることで、自分が神に救済されるはずであることを「確証する」のだそうです。それがいつしか「勤勉な人は救われているに違いない」に変わってしまうのが人の世の常です。そうすると、逆に貧しい人びとは勤勉を怠っており、怠惰であるがゆえに貧しく、それは神に見放されている証拠だというわけです。

勤勉を美徳として奨励する思想は儒教にもあり、かつて日本人の多くもそれを共有してきたと思います。そして、それは資本主義経済を発展させる原動力にもなったと考えられています。他方で、それは貧しい人びとに対する冷淡な視線と対応を生み出したように思います。

ところが、マルサスに関する話はそこで終わりません。実は、彼の著書はもう一つの重大な理論に大きな影響を与えたのです。それは進化論です。進化論は、１８５０年代にダーウィン（Charles Robert Darwin, 1809～1882）とウォレス（Alfred Russel Wallace, 1823～1913）によって提唱されましたが、二人とも「自然選択」という考えについて、マルサスの著書からの大きな影響を認めています。そしてそれを社会に適用することで、スペンサー（Herbert Spencer, 1820～1903）は「適者生存」という表現を生み出しました。そのような発想自体は、すでにマルサスの著書の中に見ることができるのです。

第二に、ワークハウス［強制労働所］は社会の有益な構成部分とは一般に考えられない者たちを収容する施設だが、そこにおいて消費される食糧の量は、もっと勤勉で、もっと価値のあるひとびとに渡るべき割り前を、その分だけ減らしてしまう。その結果、同様にして、ますます多くのひとびとから独立心が失われていく。（マルサス『人口論』75－76ページ）

ここでいうワークハウスというのは、すでに述べた通り、当時の救貧法では、働ける貧しい人たちには労働を強制していたことを指しています。それにしても、なんとも厳しい言い方です。しかし結局、1834年には「新救貧法」が制定され、政府の役割としての救貧はさらに大幅に縮小・後退することになりました。

20世紀の経済学者であるガルブレイス（John Kenneth Galbraith, 1908～2006）は、このマルサスを評して次のように述べています。

貧乏人の貧乏を貧乏人に負担させようとした人や、その負担を金持ちから取り除こうとした人は数多くあったけれど、その中でマルサスほど完全にそうしようとした人はいなかったのである。（ガルブレイス『経済学の歴史』113ページ）

4／自由貿易礼賛 ― リカード

リカード（David Ricardo, 1772〜1823）は、マルサスの盟友であると同時に生涯の論敵でもありました。われわれはリカードを「最初の理論経済学者」と呼んでもいいと思います。その意味は、彼の議論が現実を大胆に抽象化し、数学的な推論によって結論を導くという、当時としてはきわめて独特なスタイルだったからです。そこには道徳哲学も歴史的考察もほとんどありません。彼の著書の中に難しい数式が出てくるわけではありません。ほとんどは数値例を用いて説明されています。しかしその理論は、今日の数学的定式化に十分耐えるものです。しかしそれだからこそ、当時の人びとに――もちろん今日においても――非常に大きな説得力をもったのです。

彼の「比較優位の原理」は、国際経済学の教科書ではほぼ必ず説明されていますし、筆者も別の本の中で多少詳しく説明していますので、ここではそのエッセンスと、それがどのような意味をもっていたかについてのみ説明しようと思います。

比較優位の原理は、実は分業の利益そのものを論証しているにすぎません。人は自分が得意なものに特化して、それ以外のものについては、交換を通じて入手するほうが効率的です。それ以外のものも自分でやろうとすると、せっかく得意なものを生み出すための時間を犠牲にしなければなりません。それが得意であればあるほど、もったいない話ですね。そんな時間があったら、得意なものに専念したほうが、たくさんの資力を得ることができるので、それでそれ以外のものを手に入れればよいわけです。

しかも、その得意というのは、他人と比べて得意ということではありません。あくまで自分の中で相対的に得意であることが重要なのです。他のことをやるともったいないのは、あくまで自分の中での比較です。ちなみに、他人と比べて得意であることを「絶対優位」と言うのに対して、自分の中で相対的に得意であることを「比較優位」と言います。分業の利益に関しては、絶対優位が問題なのではなくて、あくまで比較優位が重要なのです。

そしてこのことは、国と国との貿易についても当てはめることができます。貿易をせずに、あれもこれも自分の国で作ろうとすると、その国の得意分野に振り向けるための労働をそれだけ犠牲にしなければなりません。むしろ得意分野に専念して、たくさん生産し、それをもってそれ以外のものを外国から買うほうが、よりたくさん手に入れることができるわけです。ここでも重要なのは、外国と比べて得意であるかどうかではなく、自国の中で相対的に得意であること、すなわち比較優位なのです。

このこと自体は、アダム・スミスが『国富論』の中ですでに指摘しています。しかし、リカードは例によって、それを抽象的で首尾一貫した論理的推論によって論証しているのです。当時の自由貿易推進派の人びとにとっては、なんとも力強い援護射撃となったことでしょう。

しかし、リカードの比較優位の原理は、単に介入のない自由な貿易が双方の国にとって利益があることを示しただけではありません。それは彼の経済理論――経済成長と分配の理論と言っていいと思います――全体の中で重要な意味をもっているのです。その全体のシナリオを描くと以下のようになります。

まず、土地というものは肥沃度の高い豊かな土地から耕作されていきます。それが経済成長とともに、より肥沃度の劣る土地を耕さなければならなくなります。そう、リカードの世界では、農業の生産性は経済成長とともに低下していくのです。より肥沃度の劣る土地では、肥料や人手をより多くかけないと通常の収穫が得られません。つまり、よりお金がかかるようになるわけです。

リカードは、賃金の決定については、マルサスの理論を全面的に受け入れます。つまり、実質賃金、すなわち労働者一人あたりの食糧は、労働者の生存ギリギリの水準に落ち着きます。しかし、経済成長とともに食糧の生産にお金がかかるようになるということは、食糧の価格が上がるということです。労働者の生存ギリギリの賃金といえども、金額で測れば高くなっていかざるを得ないのです。リカードの説明を見てみましょう。

そうしてみると、地代をひき上げるのと同じ原因、すなわち、食物の追加量を同一の比例的労働量をもって供給することの困難の増大が、また賃金をもひき上げるであろう、ということは明らかである。それゆえに、もしも貨幣が不変の価値をもつとすれば、地代も賃金も、富と人口の増進とともに上昇する傾向をもつであろう。（リカード『経済学および課税の原理』119ページ）

しかし、このことは、資本家の分け前である利潤が圧迫されていくことを意味するのです。肥沃度の高い土地を耕した利益は、地代としてすべて地主のものになります。肥沃度の高い土地を所有していることは、いわば特権であって、そこには競争がないからです。これに対して、肥沃度の高い土地に投資している資本家も、そうでない土地に投資している資本家も、同じ生産物の販売をめぐって競争しているのです。

穀物と製造品がつねに同一価格で売れるものと仮定すれば、利潤は賃金が低いか高い

> かに比例して高いか低いかであろう。しかし、仮に穀物の価格がそれを生産するのにより多くの労働が必要であるから騰貴するとしよう。この原因は、その生産になんら追加労働量も要求されない製造品の価格をひき上げることはないであろう。もしそのばあい賃金がひきつづき同じであるなら、製造業者の利潤は依然として同じままであろう。だがもし、絶対に確かなのだが、賃金が穀物の騰貴とともに上昇すれば、そのばあいは彼らの利潤は必然的に低下するであろう。（リカード『経済学および課税の原理』１２８－１２９ページ）

つまり、肥沃土の低い土地ではより多くの労働が必要となり、穀物の生産コストは高くなります。そして穀物の価格は、この一番肥沃度の低い土地の生産コストに対応することになります。なぜなら、それより価格が低かったら、この土地は耕されないでしょう。その結果、より肥沃度の低い土地が耕されるにつれて、穀物の価格は上昇することになります。しかし話がそれまでなら、賃金が変わらないかぎり、製造業のほうは影響を受けません。しかし、穀物価格の上昇が賃金の上昇をもたらすのであれば、製造業にも影響が及び、利潤は下がってしまうと言っています。

こうして、リカードの描く世界では利潤率は経済成長とともに低下する傾向をもち、やがてゼロになるときがやってきます。そうなればもはや資本への投資は行なわれないわけですから、経済成長も止まります。これは今日の経済学では「定常状態」と呼ばれます。

リカードはそれをあたかも宇宙の自然法則であるかのように論理的に描写しているのです。なんとも陰鬱になるような予測です。それを阻止することはできないとしても、少しでも遅らせることができるとすれば、それは食糧価格の上昇を抑制する手段――機械の導入や外国からの安価な穀物の輸入など――による他はないことになります。リカードの自由貿易論はこの文脈で意味をもってくるのです。

当時イギリスでは、1815年以降、穀物法が施行されていました。ナポレオン戦争や凶作の影響で、穀物価格が騰貴したにもかかわらず、地主が優勢であった議会は、外国から安い穀物を輸入することを阻止していたのです。当然、この措置はリカードにとって、ゼロ成長への行進を早める以外の何物でもありません。リカードは穀物法に反対しました。

結局、穀物法は1846年に廃止されました。それは議会で優勢なのが、もはや地主階級ではなく、資本家階級になりつつあったことを反映していたことでしょう。リカードの主張と、彼の経済理論はそこで大きな影響力をもったに違いありません。しかし同時に、それはいつしか、自由貿易をイデオロギーのように礼賛する人びとにとっての強力な武器ともなっていったのです。

5／不況になんてならない──セイ

セイ（Jean-Baptiste Say, 1767～1832）はフランスの経済学者です。彼自身はアダム・スミスの普及版的な教科書を書いたにすぎない人なのですが、彼の名を冠した「セイの法則」は、おそらくセイ自身よりも有名になったようです。

セイの法則は、彼の主著である『経済学概論』（1803）の中で述べられますが、もちろん自分でそれを「セイの法則」と呼んでいたわけではありません。それをあたかも一つの法則として、首尾一貫した形で論じたのは、イギリスの経済学者ジェームズ・ミル（James Mill, 1773-1836）であったとも言われています。この人は、本書にも後に出てくるJ・S・ミルのお父さんです。

さて、セイの法則とは何でしょうか？　実はその点が、セイ自身も含めて非常に混乱しているのです。それは、後にセイの法則を批判したケインズによって、「供給はそれみずからの需要を創造する」という表現で述べられました。しかし、ここで何よりも重要なのは、もしセイの法則が正しいのであれば、経済全体での供給過剰（一般的供給過剰＝需要不足）は起こり得ない、ということなのです。供給すれば、必ずそれに相応する需要が生み出されるのであれば、モノが売れなくて困る＝不況が、経済全体を襲うことは決してないことになりますから。
　では、なぜ、供給はそれみずからの需要を生み出すのでしょうか？
　筆者の考えではそれは三通りの解釈をもっています。

①定義によって等しい：売った以上、必ず買った人がいるのだから、売った総額（総供給）と買った総額（総需要）は、いつでも必ず等しくなる。
②所得はすべて支出される：供給、つまり生産は、それに携わった人びとに所得（買うための資力）を生み出す。そしてその所得はいずれ何らかの形で支出され、需要となる。
③調整メカニズムがある：供給が一時的・部分的に需要に等しくなくても、市場にはそれを調整するメカニズムが働いており、長期的には両者が等しくなる。

　まず、①ですが、これは自明の理であり、ナンセンスです。自明の理である以上、必ず正しいのですが、逆にそれは何も言っていないのと同じことです。その命題が何かを言っているのであれば、それは決して自明ではありません。
　②は、おそらく最も一般的な解釈だと思われます。問題は、それが正しいかどうかは、使われなかった所得（貯蓄）が、生産活動のための支出（投資）とされるかどうかにかか

っています。自分の畑で穀物を収穫したとしてみましょう。全部食べてしまうと、来年の収穫がありません。一部を食べずに、種として蒔くことになります。この場合、食べなかった分（貯蓄）は、生産活動のために用いられた（投資）ことになります。したがって、すべての収穫が余すことなく利用されたことになります。果して、現実の経済全体について、同じことが成立すると言えるかどうかが問題になります。

③は、市場の調整メカニズムを前提とするものですから、確かにそれがあれば、供給と需要の不均衡は、いずれは解消されることになります。ただし、市場経済にそういう調整メカニズムがあるということは、一度も証明されたことはありません。そういう「前提」で議論しているにすぎないのです。

19世紀の前半には、この点を巡って大きな論争が起こりました。問題となったのは、セイの法則それ自体というより、そこから導かれる含意のほうです。「一般的供給過剰＝不況は起こりうるか?」という論争です。「起こりえない」側は、セイ、ジェームズ・ミル、そしてリカードらであり、彼らはまさにセイの法則をその根拠としました。「起こり得る」側に立ったのは、次章に出てくるシスモンディや、本章ですでに登場したマルサスです。

論争の過程では、先程の①〜③が入り乱れて混乱します。そこは他書に譲って、ここでは、論争の本質と思われる部分に限定して説明しようと思います。

次ページの図を見てください。これはお馴染みの需要曲線（D）と供給曲線（S）です。

図　比較静学分析

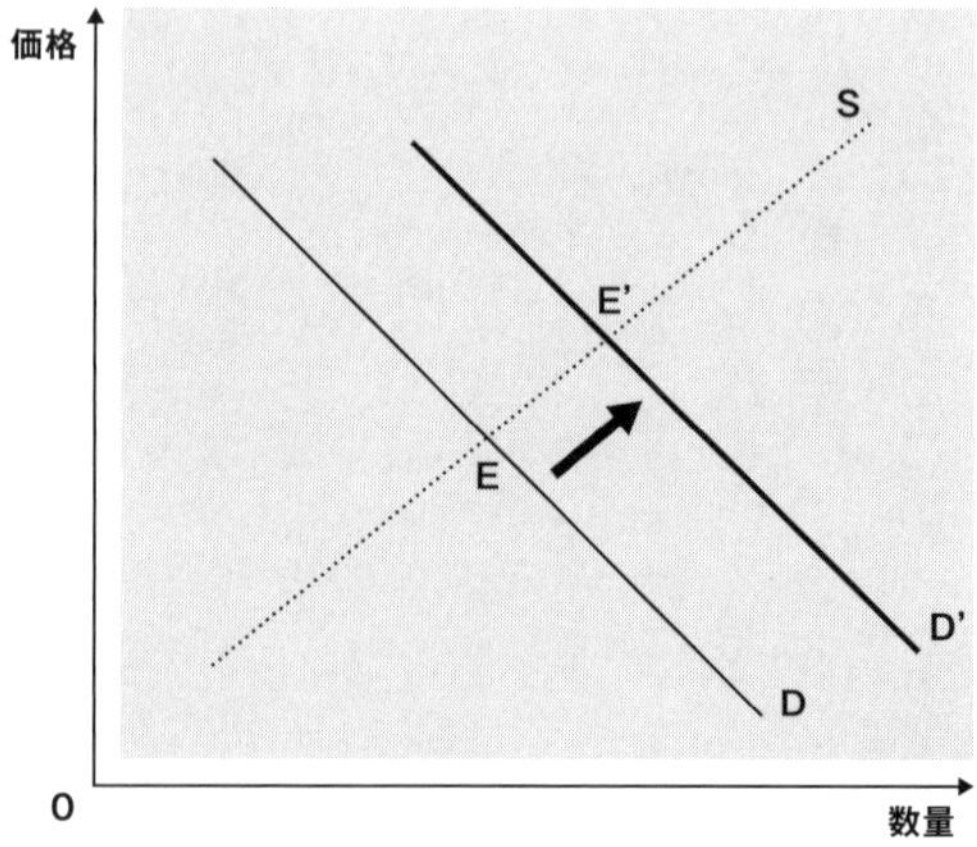

あるいは、縦軸を物価と読み替えて、経済全体の総需要曲線と総供給曲線を表していると考えてもかまいません。需要と供給が等しくなっているEが均衡点です。いま、何らかの理由によって需要曲線がDからD'にシフトしたとします。その結果、均衡点はE'に移行します。そして、われわれの分析は、E（変化前）とE'（変化後）を比較することで行なわれます。これを「比較静学分析」と呼びます。

よく知られたこの分析には、実は重要な前提条件が必要なのです。それは、経済は必ずE'に向かって安定的に移行するという前提です。しかし、それは前提条件であって、**現実の経済がショックに対して安定的に新しい均衡状態を実現することが証明されているわけではない**のです。実際、数学的にはかなり厳しい条件が必要です。ところが、それを前提としない限り、比較静学分析はできないのです。

それに加えて、比較静学の分析は、あくまでEとE'を比較し得るだけで、EからE'への移行過程で何が起こるのか、それにはどのくらい時間がかかるのか等々については、何も述べることはできないのです。それを論ずるためには、また別の理論モデルを用意しなければなりません。

これらのことが論争の本質であるように思います。つまり、セイやリカードは、比較静学分析をしているわけです。そしてそのためには、新しい均衡点は必ず実現することを前提としなければなりません。それを可能にする方便として用いられたのが、セイの法則ということになります。

それに対して、シスモンディやマルサスは、まさにEからE'への移行過程で生じることを問題にしているのです。そして、**現実の経済がE'へ安定的に移行する保証はない**と主張しているのです。

セイやリカードの側からすれば、十分に長い時間を想定すれば、上述の②や③の論拠に基づいて、経済が安定的に新しい均衡状態を実現するという想定は、無理のないものであると同時に必須のものでもあります。

他方、われわれが実際に観察するような日々の経済問題は、まさにE'への移行過程で生じているのであり、それをどう分析するかこそが重要である――と考えていたのがシスモンディやマルサスだったのです。実際、リカードは、マルサスへの書簡でそれを認めています。

幾度となく討論をかさねてきた諸問題にかんするわれわれの意見の相違の大きな原因は、あなたがいつも個々の変化の直接的な、そして一時的な効果を考えていらっしゃるのにたいし――私はこういう直接的な、そして一時的な効果をまったく度外視して、それらの変化から生じてくる事態の永続的な状態にもっぱら注意を向けている点にあるように思えます。おそらくあなたはこれらの一時的効果をあまりに高く評価なさるのにたいして、わたしはそれらをあまりに過小評価しようとするのでしょう。（リカード『書簡集　1816－1818年』リカードウ全集Ⅶ、141－142ページ）

それでも、論争はどちらかというとシスモンディやマルサスが優勢であったように思います。セイもリカードも、注釈付きで彼らの主張を受け入れざるを得ないと感じていたようです。分析視点の違いとはいっても、目の前の**現実問題を分析するという観点からは、いつかたどり着くであろう新しい均衡点の話だけで終始することはできない**はずです。論争の勝利者は、シスモンディやマルサスの側であるように思われました。

しかし、なんと！　歴史における勝利者は、セイの法則だったのです。

決着をつけたのは、本書でも次章に登場するJ・S・ミルでした。

各人の、他の人びとの生産物に対して支払をなす手段は、彼自身が所有している生産物から成り立っている。商品の販売者は、すべて、必然的かつこの言葉の意味するところによって商品購買者である。もしも私たちが国の生産諸力を突如として二倍にすることができたとすれば、私たちは、あらゆる市場における商品の供給を二倍に増加させることになるであろう。けれども私たちは、この同じ行為によって、購買力をも二倍に増加させることになるであろう。（J・S・ミル『経済学原理』第3巻、234ページ）

これはセイの法則の解釈としては、上述の②に相当します。ミルは、何ら新しい論点を展開するわけでもなく、まるで論争などなかったかのように振り出しに戻って、ただそう言っているのです。しかし、ミルは当時の大権威であり、彼の『経済学原理』は経済学の金字塔ともいうべき教科書として君臨し続けることになります。セイの法則が勝った理由は、ただそれだけなのです。筆者が、「経済学は厳密な意味での科学ではない」と考えるのは、まさにこういうことを指しています。

ミルという人は、尊敬すべきバランス感覚をもった知の巨人です。それだけに、筆者にも何やら信じ難い思いなのですが、やはり、セイの法則の提唱者の一人が自分の父親だったからなのでしょうか？

いずれにしても、**セイの法則は経済学の権威ある教科書にお墨付きで残ることになり、その結果、一般的供給過剰＝不況は、経済の自然なメカニズムとしては起こり得ないということになってしまいました。**それにともない、その後、およそ１００年弱にわたって、**政府の役割としての景気対策は、経済学の議論から追放される**ことになったのです。

6／最大多数の最大幸福 ― ベンサム

この章の最後に、その後の経済学に支配的な影響をもたらした思想をご紹介しましょう。それはベンサム（Jeremy Bentham, 1748～1832）によって提唱された「功利主義」という思想です。もちろん、これ自体、自由放任主義の台頭と無関係ではありません。ベンサムはイギリス人ですが、経済学者や哲学者というよりは、どちらかというと法学者と呼んだほうがよいかもしれません。彼の遺体は、現在でもイギリスのユニヴァーシティ・カレッジ・ロンドンに服を着せて展示されています。ただし、顔はレプリカです。

彼の主著である『道徳および立法の諸原理序説』（1789）において提唱される功利主義

の原理は、次の有名な言葉で述べられます。

自然は人間を苦痛と快楽という、二人の主権者の支配のもとにおいてきた。われわれが何をしなければならないかということを指示し、またわれわれが何をするであろうかということを決定するのは、ただ苦痛と快楽だけである。（ベンサム『道徳および立法の諸原理序説』81ページ）

単に利己的な個人という想定ではなく、快楽を高め、苦痛を減らすべく行動する個人という、多くの人にとってわかりやすい原理から出発することによって、その客観性・科学性が増すように思われたことと思います。そして**社会的に望ましい政策とは、社会を構成する人びとの幸福の総和が最大化されること**だと言います。

社会とは、いわばその成員を構成すると考えられる個々の人々から形成される、擬制的な団体である。それでは、社会の利益とは何であろうか。それは社会を構成している個々の成員の利益の総計にほかならない。（ベンサム『道徳および立法の諸原理序説』83ページ）

これは「最大多数の最大幸福」というキャッチフレーズで表現されるものです。J・S・

ミルを含め、19世期半ば以降のイギリスの主要な経済学は、すべてこの功利主義の原理をその支えとしています。特に、19世紀後半には、効用を最大化する個人、そしてその社会的な最適性も効用の総和、ないしはその序列に基づいて評価されることになります。言うまでもなく、今日、われわれが学ぶ**「ミクロ経済学」も、まさにこの功利主義に支えられているの**です。どっぷりと浸かりすぎていて、そうであることを忘れている人が多いほど、功利主義に基づいているのです。

ベンサム自身は、どちらかというと経済については自由放任を支持した人ですが、功利主義がただちに自由放任主義と直結するわけではありません。またベンサムは、自然法思想や社会契約論のようなものを非科学的なものとして否定していますが、ある意味で、**功利主義は自然法思想と高い親和性をもっている**ように思えます。

人は快楽を求め、苦痛を減らそうと行動する。そして人の幸福は、快楽が大きいほど、苦痛が小さいほど、大きくなることになります。そしてそれは〝良い〟ことなのです。つまり、人がそのように行動するという意味で「そうであること」が、イコール「望ましいこと」になるのです。それは形を変えた自然法思想に他ならないと思いませんか？

そしてそのような考え方は、**現状の「あるがまま」を良いことと考える思想と結びつきやすく、実際、しばしばそうなっている**のです。

コラム 2-1　経済学における「プロクルーステース症候群」

第2章でご紹介した一般的供給過剰をめぐる論争では、現実を分析するその分析手法が、ときに現実への認識そのものを変えてしまうことを見ました。そして、それはこの時代の論争に限らず、現代における市場メカニズム至上主義においても、おおいに観察されるところなのです。要するに、トンカチしか持っていない人には、すべてのものが釘に見えるということです。

筆者はこれを「プロクルーステース症候群」と勝手に呼んでいます。ご存じの方もおられるかも知れませんが、プロクルーステースは、ギリシャ神話に出てくるアッティカの山賊の名前です。彼のアジトには、鉄の寝台があり、通りかかった人びとに「休ませてやろう」と声をかけては連れて行き、寝台に寝かせるのです。そして、もしその人の体が寝台からはみ出したら、その部分を切断し、逆に、寝台の長さに足りなかったら、サイズが合うまで、体を引き伸ばす拷問にかけたといいます。本来は体の大きさに合わせるはずのベッドですが、そこが逆になっているわけです。

そして、どうやら経済学者にとっても、自分たちの「鉄の寝台（理論）」は、現実を理解する上で、本人たちが認識する以上の影響力をもってしまうようです。経済がショックに対して、新しい均衡へ安定的に移行することは、証明された事実ではなく、分析上必要な前提にすぎないのです。しかし、そのような分析が一般的なものになると、いつしか、経済はそのように安定的なメカニズムを有していると考えるようになってしまうのです。現実を分析するための分析道具（理論）であるはずが、いつの間にか、**現実のほうを分析道具に合わせて伸び縮みさせている**のです。

現代における均衡分析も同じことです。均衡分析においては、現実にわれわれが観察する状態を均衡状態と「見なす」というのが正しい理解です。均衡状態はそもそも実現するのか、とか、均衡状態じゃない状態は均衡状態に調整される過程にあるのか、といった問題は、まったくの別問題です。それは均衡分析で論ずることのできる問題ではないのです。その点について何かを言うためには、均衡点から均衡点に移る過程の、通常は動学的な理論モデルを構築しなければなりません。

ところが、均衡分析が一般的なものとなると、いつの間にか、現実の経済は必ず均衡状態を実現するという認識が当たり前のように普及していきます。多くの場合、競りやオークションのようなプロセスが想像されて、需給が調整されていく様子が描かれます。そしてそのようなプロセスが安定的であるための数学的条件（けっこう厳しい条件です）は、いつしか度外視されて、「市場にはそういうメカニズムが働くものだ」という認識だけが残るのです。さまざまな財・サービスの市場で、競りやオークションのようなことが行なわれるわけではないことは、わかっていても忘れられるのです。

市場メカニズムを過剰に信仰する論者たちは、概して、このプロクルーステース症候群を患っています。なぜなら、いかに数学的に精緻な理論モデルを駆使したところで、**市場均衡の成立や完全雇用は常に前提であって、それらが成立する根拠やメカニズムは決して証明されない**のです。筆者は分析の前提として、それらの成立を仮定することは十分に認めます。均衡モデルには限界もありますが、また、多くの利点もあります。

しかし、それがいつしか、前提ではなく、市場に関する事実なのだとする勘違いが始まったら、プロクルーステース症候群に冒《おか》されていると考えなければなりません。

ちなみに、プロクルーステースの寝台には、なぜかぴったりのサイズの人間がいなかったといいます。なぜだかわかりますか？ 実は、寝台の長さが調節可能だったからなのです。なんと、プロクルーステースは、遠くから旅人の背丈を目測して、あらかじめ寝台を伸ばしたり縮めたりしていたのだそうです。

そう、やればできるのです！ 筆者はこちらの意味で、経済学者がプロクルーステースになることを推奨したいと思っているのです。やはり、**現実に合わせて、理論を伸び縮みさせるのでなくてはなりません**からね。

コラム 2-2 定常状態も悪くない

リカードは、資本主義社会において経済成長がやがて停止する「定常状態」を予想して人びとをおおいに憂鬱にさせた、という話を本文でしました。もちろん、現実の歴史的経過はそのようにはなりませんでした。ほぼ同時期に進行していた産業革命により、生産性は飛躍的に増大し、同時に農業における生産性も想像を超えて拡大しました。何より、豊かになった国では、マルサスの予想したような人口の爆発は起こらず、むしろ少子化が生じたのは、読者のみなさんもご存じの通りです。

しかし、20世紀になって、第二次世界大戦後、ヨーロッパや日本で顕著な経済成長が実現すると、そこで再び定常経済が話題になりました。この場合、定常経済を予測するのではなく、推奨する議論でした。1970年代、戦後体制の崩壊とともにそろそろ高度経済成長に陰りが見え始めた頃であり、また公害をはじめ、経済成長の負の側面が露出し始めた頃でもありました。

そんな時期に「ローマ・クラブ」という民間団体がまとめたリポートは、日本でも『成長の限界』（大来佐武郎監訳、ダイヤモンド社、1972年）というタイトルで出版され、話題となりました。そこでは、とりわけエネルギー資源の枯渇が、成長の制約要因として強調されていました。

その分析手法やモデルについては、専門の経済学者から多くの批判が寄せられたのですが、折からの石油ショックとも重なり、その予測はにわかに現実味を増しているように見えました。筆者が大学生のときに、この本を教科書に使っていた地学の先生が「レポートを提出時のホチキス止めは、左側1箇所のみにすること」などと、妙に細々とした節約を強調していたのを覚えています。しかし、その後の省エネ、代替エネルギーの開発等を通じて、ローマ・クラブの不安な予想も、いつしか忘れ去られていったように思われます。

そして21世紀。今度の成長制約要因は、ついに地球温暖化や、それにともなう気候変動といった地球環境です。他方で、そのような議論に対しては、いつの時代でも「それは科学の進歩が解決する」という楽観論が必ずあります。しかし、考えてみれば、人口も食糧も、化石燃料や鉱物資源も、科学はそれらを成長の制約要因として緩和、猶予することを可能にしてはきましたが、制約そのものをゼロにしたわけではありません。今後も、科学がそれらを解決し続けることに100%賭けることは、それこそ科学的とは言えないかもしれません。

また、楽観論や悲観論とは別に、いつの時代にも、「脱成長」を道徳的観点から、社会生活のあるべき姿として説く人びとがいました。同僚との出世競争や他企業との市場競争に明け暮れるのはやめよう。あくせく働いて、虚栄を満たすための消費に精を出す生活から抜け出そう。もっと知的で、精神的に豊かなものを求めよう。「吾唯足るを知る」ことこそが真の幸福であることは、古代ギリシャのストア派もエピキュロス派も共通でした。さあ、出世・成長ありきの思い込みから解き放たれよう――というわけです。

さて、ここでクイズです。筆者がある人の主張を要約して箇条書きにします。さて、これを言った人は一体誰でしょうか？

①世界全体で、いまよりさらに生産と人口を増加させることは望ましいのか？
②もうすでに十分豊かな人たちが、必死に働いて豊かさを求めるのは必要なことか？
③経済成長が必要なのは発展途上国であって、先進国では分配のほうが重要である。
④経済成長のない状態のほうが、生活や心の豊かさと両立する。

驚いてくれると嬉しいのですが、答えは、本書にもたびたび登場するJ・S・ミルなのです。１８４８年に書かれた彼の『経済学原理』の中で述べられています。今から１７０年も前の話であり、日本はまだ江戸時代です。「太陽の下に新しいものはない」ことを知ると同時に、人が過去からあまり学ぶことなく、同じような議論を繰り返していることを思い知らされるのではないでしょうか。経済学史を学ぶ意義もそこにあるのだと思います。

第3章 自由放任主義へのいら立ち

History of Economic

世の中を厭《う》しと恥《やさ》しと思へども　飛び立ちかねつ鳥にしあらねば（山上憶良「貧窮問答の歌」『万葉集二』419ページ）

「それは政治の問題だと云うだろう、誰でもそう云って済ましている、だがこれまでかつて政治が貧困や無知に対してなにかしたことがあるか、貧困だけに限ってもいい、江戸開府このかたでさえ幾千百となく法令が出た、しかしその中に、人間を貧困のままにして置いてはならない、という箇条が一度でも示された例があるか」（山本周五郎『赤ひげ診療譚』56ページ）

じっさい、この学説にしたがえば、未開民族が地上で最も生産的なまた最も豊かな民族でなければならないであろう。なぜなら未開状態の場合ほど、各個人が自由にふるまえるところはなく、国家権力のはたらきの感ぜられることが少ないところはないからである。（リスト『経済学の国民的体系』234－235ページ）

1／階級対立――シスモンディ

19世紀前半の主流の経済学者や、彼らの主張を好都合に受け入れた富裕な市民階級がいかに自由放任主義を掲げても、それらに対する反発は、まず現実において不可避的に現れてきます。

それは典型的には、労働者を中心とする群衆による暴動や抵抗運動の形をとりました。有名なところでは、1811〜1816年に、機械の導入に反対する労働者によって起こされたラッダイト運動があります。当時、機械を破壊することは死刑に値する行為でしたが、それでもあちこちで多くの機械が破壊されました。それ以外にも、1816年にロンドンで起こったスパ・フィールド暴動や1819年のピータールー虐殺、さらに1830年のスウィング暴動などは、労働者の生活水準の低下に対する抗議や政治的権利を求めての抗議行動でした。そして、1830年にパリで起こった7月革命は、「市民革命」と呼ばれてはいますが、その主体となったのは労働者を中心とする人びとでした。

マルサスの人口法則が正しかったからかどうかはわかりませんが、結果として労働者の生活がきわめて困窮した悲惨なものであったことは事実です。また、その労働条件も過酷をきわめており、それは小さな子どもたちにまで及びました。機械の導入も、今日のわれわれの知見からすれば、それ自体が必ずしも悪とは限りません。しかし**機械導入の成果が、労働者にまったく還元されないばかりか、人手の削減や賃金のいっそうの低下のみに結果するのであれば、労働者が命をかけてでもそれを打ち壊したくなるのは当然のこと**です。

そのような現実に目を背けることなく立ち向かった経済学者にシスモンディ（J. C. L. Simonde de Sismondi, 1773〜1842）がいます。彼の名前は前章にも登場しています。「セイの法則」に関する議論に出てきた一般的供給過剰をめぐる論争で、リカードやセイと対立する側に立った人です。彼はフランスの経済学者で、その初期には、むしろアダム・スミスの路線を継承した教科書を書いていました。その後、イタリア中世に関する歴史研究に携わります。そして再び経済学の研究に戻ってきたときには、経済学主流派と正面から対立する論陣を張りました。

残念ながら、歴史はシスモンディに非主流派の烙印を押し、彼の経済学はいつしか片隅に追いやられました。彼の主著『経済学新原理』（1819）の日本語訳は、現在入手が非常に困難です。したがって、本書での引用は英語版からの拙訳によるものであることをお断りしておきます。

シスモンディの経済学への貢献は、主に以下の三つを挙げることができます。

①経済全体の活動水準が、キャパシティ目いっぱいよりも低い状態で落ち着く可能性を

分析した。

②階級間の所得格差から、社会において過少消費が生じ、それが不況を生み出す可能性を指摘した。

③労働者の惨状を道徳的観点から批判し、状況を改善するための福祉政策的提言を行なった。

まず①については、彼がセイの法則を否定し、一般的供給過剰が生じるとする側に立ったことを思い出してください。そしてそれを分析する視点は、リカードのような「比較静学分析」ではなく、むしろその移行過程を描写しようとしました。今日の経済学用語を用いれば、マクロ経済学の「短期動学理論」ともいうべき分析を展開したのでした。リカードたちの言い分は、経済に対して何か撹乱要因があったとしても、それは一時的なもので、長期的には均衡状態が必ず実現する、というものです。それに対してシスモンディは、その**「一時的」とか「長期的」というのは、現実には無視し得ない長さで、しかもその間にさまざまな不幸や困難が人びとを襲う**ことを問題にしたわけです。

経済学は、生産が、需要に応じて増加するのと同じくらい容易に減少するという原則を打ち立てた。しかし、それが規則的かつ一定期間で生じると考えるのは、人を大きく誤らせるものである。生産を増加させるような需要の増大は、概して満足な状態を広めるであろう。しかし生産を減少させるような供給過剰は、それが期待された効果を生み出す以前に、長く過酷な苦痛を国民にもたらすのである。（Sismondi. *New Principles of Political Economy*. p. 256）

②については、階級の利害が対立するという視点を最も早く指摘したのがシスモンディだと言われています。彼はその文脈で「プロレタリアン（proletarians）」という造語を最初に用いたことでも知られています。この言葉は後にマルクスによって普及しますが、その元祖はシスモンディです。

彼らは、すべての労働者の賃金を彼らの生存が可能となる限度まで可能なかぎり引き下げることが利益であることを見出した。そして労働者――彼らはプロレタリアン（proletarians）にすぎないのだが――は、より多くの家族をもっていっそう悲惨な生活になることを恐れなくなる。（Sismondi. *New Principles of Political Economy*. p.10）

ここで最初に出てくる「彼ら」とは、もちろん、資本家のことです。そして、そのようになってしまう理由は、労働者が一人でも多く稼ぎ手を増やすことを優先してしまうからなのです。それに加えてシスモンディは、そもそも資本家と労働者は決して対等な関係ではなく、労働者は常に弱い立場に追いやられざるを得ないことを指摘します。

> 雇い主と労働者は、実際、お互いにお互いを必要としている。しかしその必要性は、日々労働者の方に重くのしかかっていくのだ。雇い主の方は時間的な猶予を得ることができる。労働者は生きるために働かなければならない。しかし雇い主は、労働者を雇わずにしばらく待って生活を続けることができるのだ。（Sismondi, *New Principles of Political Economy*, p. 285）

数の上でははるかに多いことに加えて、消費性向の高い労働者の所得が低迷するのですから、経済は全体として総需要を低下させることになります。そして、その**総需要不足こそが経済が不況、場合によって恐慌となる要因である**と主張したのでした。今日の言葉では「過少消費説」と呼ばれるものです。

> 国はその所得を増加させることができれば豊かになれる。しかし、ある階級の所得が他の階級に奪われるだけなら、豊かにはならない。より多くの生産物を同じ価格で売ることができれば、誰もがより富裕になるであろう。なぜならその場合、より多くを生産する過程で、貧しい者たちの所得も金持ちと同じように増加するからである。しかし、

利潤が賃金を低下させた結果以外の何物でもないことによって、貧しい者たちが失ったものを金持ちが得るのであれば、そうはならない。かりに賃金の低下が全体的な取引を拡大したとしても、新たに生産されたものが惨めに困窮した階級にもたらされるのでは、彼らにはとても支払えないものとなってしまうであろう。(Sismondi. *New Principles of Political Economy*. p. 285)

さらにシスモンディは、③で述べたように、資本主義社会におけるさまざまな慣行を道徳的視点から厳しく批判しました。

注意してほしいのは、私は、機械や発明、あるいは文明化に対して異議を唱えているわけではないということだ。私が異議を唱えているのは、労働者からその腕以外の財産を奪い取り、彼らに不利益をもたらす競争や気狂いじみた安売りからの保護を彼らに与えないこの新しい社会組織、そして労働者が必然的にその犠牲者となることに対してなのだ。(Sismondi. *New Principles of Political Economy*. p. 628)

そしてそれらを是正することは「政府の役割」であるとしています。彼自身は、本書でこの後に出てくるような社会主義者、つまり資本主義そのものを打倒せよ、という立場ではありませんでした。むしろ労使協調をともなった、福祉政策的視点であったといえます。実際、彼の『経済学新原理』の一番最後（第7章8、9節）は「**いかに政府は人々を競争の影響から守らねばならないか**」と「**労働者は雇い主から雇用の保証を受ける権利がある**」というタイトルになっています。

しかし彼の理論も政策も、その後、大きな影響力をもつことはありませんでした。というより、非主流派としてほとんど無視されたといったほうがよいかもしれません。筆者も残念でなりませんが、きっと生まれるのが100年以上早かったのだと思います。彼は1838年に書いた覚書の中で、次のようにみずからの不遇を嘆いています。

> 私は叫ぶ。気をつけたまえ、あなたたちは心が病んでいる。あなたたちは惨めな人々を押しつぶそうとしている。彼らは自分の身を襲う悪魔がどこから来るのかもわからない。そしてあなたが通り過ぎた路上にぼろぼろになって捨て置かれる。私は泣き叫ぶ。しかし誰も私に耳を貸さない。私は泣き叫ぶ。圧倒的な力は押し寄せつづけ、新たな犠牲者を生み出す。（Sismondi, *Political Economy, and the Philosophy of Government*, p. 455）

読者のみなさんは、この忘れられた経済学者と彼の思想への共感と敬意にあふれる解説を、英語版からのたくさんの引用とともに、マーク・A・ルッツ『共通善の経済学』（馬場真光訳、晃洋書房、２０１７年）で読むことができます。筆者もこの本をおおいに参考にさせていただきました。

2／労働者の惨状を見よ ― 社会主義思想

労働者階級の悲惨な状況という現実は、自由放任主義に対するもう一つの対抗勢力を生み出しました。それは資本主義それ自体をやめてしまえ、という思想です。これは広く社会主義思想と呼ばれるものです。ただし、一口に資本主義の放棄といってもさまざまなバリエーションがあり、その結果、社会主義と呼ばれる思想にもさまざまなものがあります。

この本の最初の部分で資本主義というものを定義しました。それは、元手となるお金から始まって、商取引や生産活動によってさらにお金を増やしていく、それを原動力として運営されるシステムと言っていいでしょう。元手となっているお金を持っている人、それは生産活動を行なうためのさまざまな設備や機械――生産手段とも呼ばれます――を所有している人たちでもあります。重要な点は、シスモンディが指摘したように、この**生産手段を私的に所有している人びと（資本家）と、彼らに雇われて労働を提供するだけの人びと（労**

働者）の関係は、対等なものではなく、そこから階級の利害対立が生じ、その結果、労働者階級の人びとは困窮と非人間的な労働条件によって悲惨な生活を余儀なくされているのです。

したがって、資本主義それ自体を放棄するといった場合、そのどの部分を放棄するかによってさまざまな代替案が提示されることになるわけです。ざっと分類すると以下のようになるでしょうか。

①生産手段の私的所有を一部放棄して、協同組合的な生産方法を行なう。
②資本主義体制そのものを廃し、生産手段の私的所有を全面的に放棄する。
②－１　武力革命を通じて資本主義体制を廃し、労働者による体制運営を行なう。
②－２　選挙を通じて、労働者による政権運営を実現する。

①の考え方に立った社会主義を主張し、実践した人にロバート・オーウェン（Robert Owen, 1771～1858）がいます。彼はイギリスの紡績工場を経営する実業家でしたが、失業者に雇用を保証すること、平等で協同的な生産・消費を実現するために、貴金属通貨を廃して、生産に必要な労働に応じた交換を行なう制度などを提案しました。またアメリカで実際にそのような社会を建設する実験をも行ないました。残念ながら、それらはいずれも失敗に終わり、オーウェンの思想は後述のマルクスやエンゲルスからは「空想的社会主

義」などと揶揄されました。

しかし、階級闘争ではなく、**協調的な協同組織を通じて生産・消費を行なおうとする考え方は、むしろ今日、われわれの住む資本主義社会に広く散見される**ものです。そういう意味で、彼の思想を再評価することは、十分に意義のあることだと思います。

オーウェン以外にも、それぞれ独自の考え方に基づいて協同的社会の建設を唱えた人に、サン＝シモン（Claude Henri de Rouvroy, Comte de Saint-Simon, 1760〜1825）やフーリエ（Francois Marie Charles Fourier, 1772〜1837）がいます。いずれもオーウェン同様、マルクス、エンゲルスからは空想的社会主義者と呼ばれました。そういう評価はともかく、**資本主義社会の矛盾点に関する指摘、すなわち労働者の惨状と不公平な所得分配に対する考え方はほぼ共通であるのに対し、それにとって代わる社会のあり方については、さまざまなバリエーションがある**ことがわかります。

それは、この後に登場するマルクス、エンゲルスが描く社会主義社会が、具体的にどのようなものなのかがはっきりしないこととおおいに関連していると思われます。

これに対して②は、一般的な社会主義のイメージとして馴染みのあるものだと思います。労働者による革命を通じて、資本主義体制を打倒し、労働者によって統治される国家を建設することを主張した代表は、マルクス（Karl Marx, 1818〜1883）と、彼の盟友であり、彼をさまざまな面で支えたエンゲルス（Friedrich Engels, 1820〜1895）です。その資本主義打倒後の社会がどのようなものであるかについては、あまり具体的な青写真を示していないのですが、労働者による独裁政権である社会主義国家は一時的なものであり、その後は国家というものそれ自体が不要になる体制として「共産主義」というものを考えていたようでもあります。

本書のテーマは政府の役割ですが、**マルクスにとっては、政府とは資本家の資本家による資本家のための政府**ですから、それはとにかく打倒されなければならないものです。

その上で、本書の議論にとって筆者が重要と考えるマルクスの論点は、三つあります。

①資本主義社会を道徳的な観点から批判していること。
②資本主義の問題点の一つとして、くり返し生じる不況・恐慌を重視していること。
③生産手段の私的所有に諸問題の根源を見出していること。

①については、マルクスも、マルクス自身が空想的社会主義者と揶揄した人びとと基本的に同じなのです。マルクスを信奉する人の中にはその点をあまり認めたがらない人も多いのですが——道徳的観点からの批判は「科学的」ではない、ということなのでしょうか——、筆者は、**資本主義体制に対する道徳的観点からの批判**というものはとても重要だと思っています。そして、それは初期に出版された『共産党宣言』（1848）の中ですでに十

分に論じられています。それがあるからこそ、マルクスはその後に非常に大きな影響力をもち得たのだと思います。

私的所有を廃棄すればあらゆる活動が停止し、全般的な怠惰がはびこるだろうと反論する者もいる。

もしそうなら、ブルジョア社会はとっくに怠惰のせいで滅びてしまっているだろう。なぜなら、この社会の中で働く者は何も得ず、得る者は何ら働かないからである。（マルクス『共産党宣言』82ページ）

よく知られた「搾取」という概念も、資本主義社会において利潤が発生するメカニズム――労働者に相応の報酬が支払われていない――によって説明されているのです。これは先に見たシスモンディにも共通する論点であり、今日においても議論する価値のあるテーマだと思います。

②もまた重要な論点であるばかりでなく、この点は、社会主義やマルクスを離れても、広く経済学者が一緒に議論できる共通のテーマです。

周期的にブルジョア社会を襲い、ますます全ブルジョア社会の存立を脅かしている商業恐慌を挙げれば十分だろう。商業恐慌においては、生産された生産物の大部分だけでなく、すでにつくり出されていた生産力のかなりの部分もきまって破壊される。恐慌の際には、これまでのどの時代にあっても不条理と思えるような社会的疫病が発生する――過剰生産という疫病が。社会は突如として一時的に野蛮状態へと逆戻りする。まるで飢饉や全般的な破壊的戦争によってすべての生活手段の供給が断ち切られ、工業も商業も壊滅してしまったかのようになる。なぜか？ あまりに多くの文明、あまりに多くの生活手段、あまりに多くの工業、あまりに多くの商業が社会に存在するからである。（マルクス『共産党宣言』64ページ）

主著である『資本論』（1867）で展開されるその理論は、本書だけではとてもご紹介できませんし、それを解説する本も数多く出ています。不況や恐慌が生じるメカニズムについて、マルクスは彼なりに透徹した論理で説明しています。

そして③ですが、誰もが同意するとは言えないにしても、それが問題の所在の一部であることは、やはり多くの人が認めるのではないでしょうか。

あらゆる所有関係は絶えまない歴史的交替、絶えまない歴史的変遷をこうむってきた。

たとえばフランス革命はブルジョア的所有のために封建的所有を廃絶した。

共産主義に特徴的なことは所有一般の廃絶ではなく、ブルジョア的所有を廃絶することである。

だが、近代のブルジョア的私的所有は、階級対立にもとづく、一部の人間による他の人間の搾取にもとづく、生産物の生産と取得の最終的で最も完成された表現である。

この意味で、共産主義者は自己の理論を、私的所有の廃棄という表現で総括することができる。（マルクス『共産党宣言』77－78ページ）

ここで「ブルジョア的所有」とマルクスが言うのは、利潤原理に基づく生産手段の私的所有のことだと言っていいと思います。

問題の所在を認めた上で、資本主義体制の何をどれだけ、どのように改革するかということについては、議論が分かれるところであり、おおいに議論がなされるべきでしょう。社会主義体制についても、革命によってではなく、労働者への選挙権の付与とともに、民主的な方法で実現すべきと考える人びともいました。「民主社会主義」という考え方です。紛らわしいのですが、「社会民主主義」という言葉もよく目にすると思います。これは、個人の自由を至上のものと考える「自由民主主義」と対峙させて、公共的な厚生についても考慮する民主主義という意味で使うのが正しいかと思います。民主社会主義は、民主的手続きや漸進的な改良を通じて実現しようとする社会主義という意味です。これは言葉の問題ですから、そうは言ってもいろいろ混乱しているのは仕方ないのですが。

そのような民主社会主義の提唱者としては、１８８４年に設立されたフェビアン協会の中心人物であったウェッブ夫妻（Sidney James Webb, 1859～1947、Beatrice Potter Webb, 1858～1943）やバーナード・ショー（George Bernard Shaw, 1856～1950）が知られており、「フェビアン社会主義」などとも呼ばれました。彼らの思想は、次章で取り上げる福祉国家の議論にも大きな影響を与えました。

3／政府の役割を少し見直そう──Ｊ・Ｓ・ミル

マルクスとエンゲルスが『共産党宣言』を出版したまさに同じ年に、当時の主流派の経済学の側からも現実への回答というべき本が出版されました。Ｊ・Ｓ・ミル（John Stuart Mill, 1806～1873）の『経済学原理』（1848）です。彼は単なる経済学者であることを超えて、スケールの大きな社会思想家でありました。しかし同時に、疑いもなく経済学者でした。彼はアダム・スミスの経済思想の継承者であるという意味で、いわゆる主流派の重鎮でした。それは今日では「古典派」と呼ばれる人びとであり、彼はまさに最後の古典派経済学者であったと言っていいと思います。したがって、彼の経済学は「自由放任主義」が原則です。しかし、時代と彼の知的誠実さは、単に同時代の有象無象がわめき立てるドグマと化した自由放任主義をただ繰り返すことを、彼に許しはしませんでした。彼が「最後の」古典派経済学者である由縁です。

要するに、laisser-faire［自由放任］を一般的慣行とすべきである。この原則から離れることは、いやしくも何らかの大きな利益によって必要とされるのでないかぎり、すべて確実に弊害をもたらすのである。（J・S・ミル『経済学原理』（五）302ページ）

そのように述べる一方で、彼は資本主義経済における政府の役割を周到かつ慎重に論じているのです。『経済学原理』の日本語訳は、岩波文庫で5分冊に分かれ、第5篇「政府の影響について」は5冊目がまるまる当てられているほどの分量です。それは決して、本論へのただし書きではないことがわかります。

政府の役割に関するミルの議論については、筆者の別の本で多少詳しく述べているので、本書ではできるだけ重複を避けて、論点を絞って述べようと思います。とにかく彼は非常に丁寧にこの問題を論じており、そこでの議論は今日でもその重要性が色褪せることがありません。彼は次のような順番で政府の役割を論じています。

①政府の必然的な機能：それが政府の役割であることに、ほぼコンセンサスのある機能。
②政府による誤った干渉：どのような場合においても、政府がするべきでない機能。
③政府の機能に関する反対論：政府の役割を、①以上に拡大しようとするときに生じ得る問題。
④政府の随意的機能：反論はあり得るけれども、政府が①を超えて行なうべきであると考えられる機能。

①と②については、基本的にアダム・スミスの議論をそのまま継承していると言っていいと思います。面白いのは③と④なのですが、ここでは③を中心にご紹介しようと思います。それは本書の第5章で出てくる議論とおおいに関係するものです。

第二次大戦後の経済体制への一種の反動として登場する**新自由主義の「小さな政府」という議論は、新しいものはほとんどなく、すでにJ・S・ミルによって論じられていることの〝装い〟を変えたものにすぎない**と思われるのです。

それはともかく、「大きな政府」に対して、人びとが懸念する問題とは何でしょうか？

先の③「政府の機能に関する反対論」のうち、ミルの論点を整理すると次のようになります。

③－1 政府の干渉がもつ強制的性格が人々の自由を奪う。
③－2 政府の干渉を認めると、その権力の増大に歯止めがかからなくなる。
③－3 政府の業務がますます増大し、適切な仕事ができなくなる。
③－4 政府の仕事は、民間のそれに比べて効率性が劣る。
③－5 政府に頼るようになり、人びとから公共心や能動性が失われる。

さて、③－1の代表的なものは、言うまでもなく課税です。それは強制的なものです。しかし、第1章で見たように、近代国家における政府というものは、人びとがその強制を一部受け入れることで、成立していると考えられます。問題は、個人の自由にとって容認できる強制と、そうでない強制を議論することなのでしょう。

③－2については、次のように述べています。

それであるから、民主的政府の場合にも、他のあらゆる政府の場合に劣らず、政府当局者がその干渉を拡大しようとし、持たなくともたやすく済むような種類の権力を握ろうとするあらゆる傾向を、絶え間なく警戒監視することが、重要なことである。このことは、他のいかなる形態の政治社会におけるよりも、民主主義において、おそらくより重要なことであろう。なぜかといえば、世論が主権者となっているところでは、この主権者によって圧迫される個人は、他の多くの事態におけると異なって、彼が救助を求めることができる、あるいは少なくとも同情を求めることができる、対抗的勢力を見いだすことがないからである。（J・S・ミル『経済学原理』（五）293-294ページ）

とても深い議論だと思います。民主主義社会における政府は、いわば多数派によって選ばれた政府ですから、その政府が横暴な圧政者になってしまうと、圧迫される少数者には味方も行き場もない、と言っているのです。

本書の最初のところで述べたように、政府と市場と伝統は、その役割において常にせめぎ合っているイメージをもつべきです。放っておくと、力のバランスが変わってしまい、あるものが他のものを凌駕してしまいます。政府の役割を考えるときには、政府に任せて終わりではなく、その力のバランスが崩れないよう、常に社会の側が監視していかなければいけないと言っているのです。

③-3については、それは政府の役割が増大することの問題点というよりは、政府がちゃんと組織されていないことの問題だとミルは言います。したがって、政府の組織と組織内の分業、権限の配分を適切に構成することが重要だということになります。

③-4は、今日でも繰り返し述べられる典型的な議論です。いつの時代でもそうです。

政府のほうが民間に比べて効率が劣る傾向があるのは、主にその動機の問題だと言います。

しかしそれでも、およそより進歩した社会では、そして大多数の業務についていえば、その業務にもっとも多く利害関係を有する私人が政府の干渉を受けずにそれをなす場合、あるいはそれがなされるように手配する場合を比較すると、政府の干渉によってなされる場合は結果が劣るものであるということは、依然として真理であろう。この真理の根拠は、次のような、よく口にされる格言の中に、かなりの正確さをもって表明されている。すなわち、人民自身の事業や人民自身の利害は、政府が理解し、配慮するよりも、あるいは理解し配慮すると期待せられうるよりも、人民自身の方がよりよく理解し、よりよく配慮するものである、という格言である。（J・S・ミル『経済学原理』（五）296-297ページ）

しかしミルは、政府が担ってもそれほど効率が落ちないような業務もあり、そういうものについては政府がやってもよいということを、政府の随意的機能（上述の④）で述べています。また逆に政府でなければできないこともあります。政府の役割について考えるときには、それらを十分に議論する必要があることを教えてくれています。

最後の③-5「人びとから公共心や能動性が失われる」という論点ですが、ミルはこれが一番重要だと言っています。だから最後にもってきたのだそうです。

社会全体の利益のためにみずから進んで行動するという習慣をもたない国民、およそ共同の事柄となるとそのすべてにおいて政府が彼らを指揮、督促することを習慣的に期待する国民、ただ単なる習慣および日常普通の事柄に還元することができることのほかは、万事、誰かが自分たちのためにやってくれることを期待する国民――このような国民においては、その能力はまだ半分しか開発されていないのである。（Ｊ・Ｓ・ミル『経済学原理』（五）299－300ページ）

一方、一切の発議および指揮の権限が政府の手に帰し、私個人たちはいつもそれの永久的保護のもとにあるような感じをいだき、またそのように行動するようになるにつれて、民主的制度も国民のあいだに自由への欲求を開発しないで、かえって地位および権力へのあくなき貪欲を開発する。そして国の知性と活動性とを、その主要な事業に向かわせないで、利己的な褒賞やつまらぬ官職的虚栄を獲得するためのみにくい競争に向かわせるものである。（Ｊ・Ｓ・ミル『経済学原理』（五）301－302ページ）

これは、次章で取り上げる福祉国家について論ずるときに、本質的な問題を提供していると思います。ここでも、政府の役割と市場、そして社会の人びとの力のバランスが問題にされていると言っていいでしょう。まさに政府の役割を考えるということは、そこに尽きるように思います。筆者は、ミルが結果として自由放任を原則としたことについては、同じ立場ではありません。しかし、彼が政府の役割について周到に議論したこと自体は、そこから学ぶことが山ほどあると考えています。逆に、彼ほど真摯にその問題を考えた人はいないのではないかと思っています。

J・S・ミルが「最後の古典派経済学者」と言われるのは、彼がいくつかの点で古典派経済学の伝統を逸脱しているからです。たとえば、それまで所得分配は、本書のマルサスやリカードのところで見たように、それがどんなに悲惨なものであっても、あたかも自然法則のように、宿命的に論じられてきました。しかしミルは、**生産を支配するメカニズムは自然法則のように論じるのが正しいにしても、所得分配は人為的に行なうことが可能であるという立論を展開しました。**

ところが、富の分配の場合はそうではない。それはもっぱら人為的制度の上の問題である。ひとたび物が存在するようになったならば、人間は、個人的にも集団的にも、それを思うままに処分することができる。また好むところの人に、また任意の条件で、その処分を任せることもできる。（中略）それであるから、富の分配は、社会の法律と慣習とによって定まるわけである。富の分配を規定する規則は、その社会の支配層の意見と感情とのままに形成されるものである。そしてそれは時代を異にし、国を異にするに従って大いに異なり、また人間が欲するならば、なおこれ以上に異なったものとなりうるものである。（J・S・ミル『経済学原理』(二) 14－15ページ）

もちろん、今日的な観点から見れば、彼が付与した政府の役割はまことにささやかなものです。そこには福祉国家的な所得の再分配や社会保障制度、政府による景気対策のような考え方は微塵もありません。正統派の王道にどっかりと腰を据え、むしろ現状への対策において消極的な博愛主義者であったと評価する人も多いです。

彼は、アダム・スミスの経済学を敬意をもって継承する一方で、政府は自由競争の「舞台」を整えるだけではなく、自由競争の「結果」にも何らかの対処をせざるを得ないことを認めずにはいられなかったのだと思います。主流派経済学の大家としては何とも憂鬱な決断だったのではないかと想像するのは、筆者の思い込みが過ぎるでしょうか？しかし筆者は、そこに社会的現実と常に向き合うことを止めない、経済学者としての彼の誠実さを見ずにはいられないのです。

もっとも、そうは言っても、その憂鬱は、ミルをそれほどは苦しめなかったかもしれないとも想像しています。彼は、次のような言葉を残したことでも知られていますから。

満足した豚であるより、不満足な人間であるほうがよく、満足した馬鹿であるより不満足なソクラテスであるほうがよい。（J・S・ミル『功利主義論』470ページ）

4／国民経済が発展するには ── リスト

19世紀の自由放任主義、とりわけその自由貿易論に対しては、別の国からも反論の狼煙《のろし》が上がりました。それは産業革命の後発国であったドイツです。といっても、当時のドイツは現在のような統一国家ではなく、プロイセンやオーストリアを中心に大小の王国が集まる連邦を形成していました。反論の狼煙を上げたのは、その一つであるヴュルテンベルク王国に生まれたリスト（Friedrich List, 1789～1846）です。彼もまた、非主流派として置き去りにされた経済学者です。「リスト」で検索すると、出てくるのは決まって、作曲家のフランツ・リストのほうです。「フリードリッヒ・リスト」と、フルネームで検索してください。

さて、リストはいくつかの非常に重要な視点からイギリスの古典派経済学を批判しました。リストは彼らを「学派」と呼んでいます。

①学派の理論は、個人と世界とを論じており、国家という視点をもっていない。
②学派の理論は、歴史的視点、とりわけ経済発展を論じることができない。
③学派の理論は、当時の先進国であるイギリスには好都合であっても、後発国のドイツには不適切である。

リストは、単に保護貿易主義を提唱した人として、簡単に片付けられてしまう傾向がありますが、彼が展開した論点は、もっともっと深遠なものです。

①については、個人と世界との間には、「国家」というものがあり、その発展や繁栄について論じることがきわめて重要であることを強調しています。

しかし個人と人類のあいだには、特有の言語と学芸とを持ち、固有の由来と歴史とを持ち、特有の習俗、習慣、法律、制度を持ち、存在、独立、進歩、永続に対する要求を持ち、区画された領土を持つ、国民が存在している。（リスト『経済学の国民的体系』237ページ）

自由貿易が望ましいという議論は、ある時点において、一定の労働からより多くの財を生み出すことができることを主張します。あるいは同じことですが、多くの財をより安く手に入れることができるということです。言うまでもなく、それは「良い」ことの一つの基準に過ぎません。他にも大事な「良い」ことの基準がたくさんあるかもしれないではないですか。われわれが国家の一員としての国民であり、国家が発展・繁栄することの恩恵を被るのであれば、それはある時点で財の値段が安くなることより重要だ、と考えることは少しも不思議なことではありません。

人間の社会は二重の観点から見ることができる――すなわち全人類を眼中におく世界主義的観点のもとでと特別な国民的利益や国民的状態を顧慮する政治的観点のもとでとである――が、それとおなじように、私人の経済と社会の経済とを問わずあらゆる経済は、二つの大きい観点から見ることができる。すなわち富を生み出す個人的、社会的、物質的諸力を顧慮する場合と、物質的諸財の交換価値を顧慮する場合とである。

こういうわけで、世界主義経済学と政治経済学、交換価値の理論と生産諸力の理論とがある。――それらは互いに本質的にことなり独立に発展させられなければならない学理なのである。（リスト『経済学の国民的体系』56ページ）

ここで、リストが「世界主義経済学」「交換価値の理論」と言っているのは、イギリスの古典派経済学のことです。それに対して、**リストが提唱しようとしている経済学は、「政**

治経済学」であり、生産諸力の理論であるわけです。

②については、リストの経済学が「ドイツ歴史学派」などと言及されることが多いことと関連しています。この**歴史的視点こそ、リカードの経済学には――そして現代の新古典派経済学にも――著しく欠けているもの**です。リストは、国家がある特定の歴史的段階を経て発展していくものであるという考え方をもっていました。

経済的な面では、諸国民は次のような発展段階を通りすぎなければならない。すなわち、原始的未開状態――牧畜状態――農業状態――農・工・商業状態である。

諸国民の工業史の示すところ、しかもどこよりもはっきりしたかたちでイギリスの工業史が証明するところによれば、未開状態から牧畜への、牧畜から農業への、農業から工業と海運との当初の開始への移行は、先進の諸都市や諸国との自由貿易によって最も速くまた最も有利に実現される。しかし、発達した工業力、有力な海運、大規模な外国貿易は、国家権力の介入によってはじめて獲得されるものなのである。（リスト『経済学の国民的体系』240ページ）

前章でご紹介したリカードの「比較優位の理論」は、国際的な分業の利益をその根拠とするものでした。言い方を換えれば、自由貿易の利益は、国家がそれぞれ比較優位をもつ生産分野に特化することで得ることができるわけです。つまり、農業国はずっと農業国であり続け、工業国は工業国であり続けることになります。その時点では、それによってどちらの国もより多く（より安く）財を手に入れることができます。

読者のみなさんは、どちらの国民でいたいでしょうか？　そして、それはなぜでしょうか？　リストの答えは明白です。

ただ農業しかない場合には、そこにあるものは専横と隷属、迷信と無知、耕作・交易・輸送手段の欠如、貧困と政治的無力である。たんなる農業国では、国民のなかに存ずる精神的および肉体的諸力のきわめてわずかの部分が呼びおこされ発達させられるだけであり、自由に使える自然力および自然資源のきわめてわずかの部分が利用できるだけであって、資本はまったく蓄積されないか、あるいは少ししか蓄積されない。（リスト『経済学の国民的体系』205ページ）

それに対して工業国は違います。

物理学、機械学、化学、数学、ないしは製図術等々と関係を持たない工業の業務はほとんどない。こういう諸科学の上の進歩と新しい発見や発明とは、そのすべてがたくさんの産業や作業方法を改良したり変革したりする。したがって工業国にあっては、科学と技芸とはどうしても大衆に広がらないわけにはいかない。（リスト『経済学の国民的体系』２６１ページ）

そのような意味で工業が発展している国では、農業においても発達した機械・器具類が利用されるようになり、農業は知的で、技芸的、科学的に営まれるようになります。前章で見たマルサスの人口法則、リカードの定常状態、とりわけその根拠となっている農業の収穫逓減が、その後の歴史的事実と必ずしも符合しないのは、まさに工業の発展によってもたらされる、このような農業生産の相乗的拡大が見落とされていたのではないかと思われるのです。

そして③「イギリスには好都合でも、ドイツには不適切」という視点です。確かにイギリスのような先進国にとっては、自由貿易は適切な政策であることをリストは認めます。

イギリスの国民のようにその工業力が他のあらゆる国民を大きく凌駕してしまった国民は、その工業・貿易上の支配権を、できるかぎり自由な貿易によって最もよく維持し拡大する。この国民の場合には、世界主義的原理と政治的原理とはぴったりおなじものである。

このことから、絶対的な自由貿易に対するイギリスの進歩的な国家経済学者たちの偏愛と、この原理を現在の世界情勢のもとで適用することに対する、他の諸国の聡明な国家経済学者たちの忌避との、理由が説明される。（リスト『経済学の国民的体系』62ページ）

しかし、ドイツのようにこれから工業国に発展していこうとする国（後進国）は、工業を育成しなければなりません。農業に特化していては、それは無理です。また、イギリスとの対等な競争力はありませんから、普通に競争すれば、ドイツの工業製品は淘汰されてしまうでしょう。したがって、関税によって海外製品との競争から国内産業（製品）を保護する必要があるのです。

ただし、リストが保護貿易を主張するときには、第1章5で見た重商主義の経済政策とは異なっています。重商主義では、輸出の促進と輸入の制限は、国の所得を増大させるための「一般的な原理」として主張されていました。それに対して、リストの場合、**保護貿易は工業を発展させるためにのみ必要なのであって、初期の発展段階や、逆に十分に発展した国民国家においては自由貿易を主張している**のです。

彼はまた、工業の保護と農業の保護を区別して、次のようにも述べています。

国民の経済的発展を外国貿易の規制によって促進するための手段としての関税制度は、つねに国民の工業的育成という原理を方針として守らなければならない。

国内農業を保護関税によって発達させようと望むことは、ばかげた企てである。なぜなら、国内農業は国内工業によってのみ費用をかけずに発達させることができるからであり、しかも外国の原料と農産物とを排除すればその国の国内工業は抑圧されるからである。（リスト『経済学の国民的体系』60ページ）

人によっては、次のように反論するかもしれません。「工業化を通じて生産諸力を高めるということは、すなわち、一定の労働からよりたくさんの財を生産する力の増進のことであって、比較優位の理論における価値判断基準とどう違うのか？」と。筆者の答えはこうです。

リストが「国民国家としての生産諸力」というときには、精神的なものも含んだもっとトータルな、しかも時間を通じて展開する視点があるように思います。それは**量的な意味での経済成長ではなく、質的な意味での経済発展を意識しているの**だと思います。

日本が江戸時代に鎖国政策をとったことはよく知られています。その結果、自由貿易を行なっていた場合に比べて、江戸の庶民にはあらゆる工業製品が高価なもの、または利用不可能であったことと思います。しかし、逆に自由貿易によって安価な外国製品が出回っていたら、日本は未来永劫、貧しい農業国であり続けたかもしれません。江戸時代の鎖国は、決して日本の工業を育成することを目的としてはいなかったかもしれませんが、結果として、明治時代以降の工業的発展を支える基盤のようなものが育成されていた可能性があります。また、そのように主張する人もいます。

興味深いことに、リストが彼の保護貿易論を学んだのは、実はアメリカにおいてでした。彼は祖国で思想的な迫害を受け、１８２５年、アメリカへの移住を余儀なくされました。それに先立って、アメリカでは「建国の父」と呼ばれる一人であるハミルトン（Alexander Hamilton, 1755～1804）が、『製造業に関する報告』（1791）の中で、製造業保護のための関税政策を主張していたのです。リストはその影響を受けています。保護貿易政策に関しては、アメリカが一歩先を行っていたわけです。

ドイツに戻ったリストの提唱を受けて、１８４３年、ドイツ諸連邦は関税同盟を発足させます。経済学説としては、主流から退けられましたが、彼の提起した経済発展のための政策論は、現代においても、現実の問題と向き合う人々にとっては、避けて通ることのできないテーマであり続けているのです。

コラム３－１　「マルクス経済学」という経済学

筆者が大学生だった頃は、「ミクロ経済学」「マクロ経済学」と並んで、「マルクス経済学」が必修科目でした。おそらく現在ではそういうカリキュラムは少なくなったと思います。言葉遣いとしても、ミクロ経済学とマクロ経済学は「近代経済学」――略して「近経《きんけい》」――、マルクス経済学は「マル経」でした。現実の経済は一つなのに、経済学にはまったく異なる二つのもの――近経とマル経――が必修科目としてあるのが、ごく普通に受け入れられていました。

それは、当時のソビエト連邦や中国などを別として、いわゆる自由主義の国においては、おそらく日本だけに固有の現象だったように思います。マルクスの経済理論を学説史の一環として研究することは、世界中で行なわれていたと思いますし、またそれは、そうする価値のあるものでした。

しかし、日本の事情はそうではありませんでした。マルクスの生涯における著述（エンゲルスも相応に含まれています）が、あたかも一つの完結した体系をなしていて、それこそが唯一の経済学であると考えている学者がたくさんいて、それが大学のカリキュラムで実践されていたわけです。「マルクスの経済学」ではなく、「マルクス経済学」という経済学が独立に存在していたのです。当然、マルクス経済学の側からすれば、近代経済学はブルジョワによる、現状を正当化するための悪しき経済学です。したがって、両者の主張や前提は両立し得ないものでした。一部の良心的かつ優れた学者によって、その橋渡しが行なわれていたのですが、その業績は双方の側から異端視、ないし無視されていた有様でした。

ちなみに筆者は、大学生時代、どちらかというとマルクスの経済学に共感を覚えていましたが、同時にある種の違和感もありました。大学院に進んだときには、自分の専門としてマクロ経済理論を選んでいましたが、マルクス経済学の先生がやっている授業もあえて履修して、あれこれ疑問をぶつけるという変な学生でした。

しかし筆者は、いま思うに、やはり「マルクス経済学」というあり方はおかしいと思います。本書で取り上げたように、マルクスの経済理論はきわめて重要であり、今日でもそこから学ぶべきことは少なくありません。とはいえ、マルクスが著作の中で述べたことを、まるで金科玉条であるかのように唯一の体系として学生に教育するのは、学問というよりは宗教に近いと思います。それなら、「マルサス経済学」や「シスモンディ経済学」も必修科目にしなければならないでしょう。

本文でも述べた通り、マルクスは自分以前の社会主義を「空想的社会主義」と呼びました。それに対して、マルクスの社会主義思想は「科学的社会主義」なのだそうです。それは現代の新古典派経済学と同じ過ちを犯しているように思います。自分こそが客観的・普遍的な完成型であり、それ以前の経済学はすべて未熟である。マルクスは自分以前の経済学を「これでもか」というくらい勉強した人ですが、それはみずからの思想を正当化するために、それ以前の思想がいかに未熟であるかのレトリックとしてなされているように思います。

「科学」であることにこだわることの弊害という点において、皮肉なことに現代の新古典派経済学と同じなのです。言葉の遣い方はいろいろですが、「科学」を標榜するなら、現実がマルクスの予想した通りにはならなかったこと——利潤率は傾向的に低下する、社会主義革命は資本主義が最も発展した国（明らかにイギリスでなければなりません）で起こる（実際は貧しい農業国のロシアでした）、社会主義国は独裁国家からいずれ共産主義社会を実現する等々——に対して科学的な責任を負わねばなりません。

「じゃあ、近代経済学はそうではないのか？」と言われそうです。本書で繰り返し述べたように、経済学はそもそも、そのような意味で科学ではありません、というのが筆者の立場です。ただ、ミクロ経済学やマクロ経済学は、少なくとも、ある特定の個人の業績を聖書のように扱うことなく、さまざまな人びとによって彫琢されて現在の姿になっているという意味では、最大公約数的な面もなくはないです。しかし、それですら、筆者の考えからすれば「一つの理論モデル」であることに違いはありません。

繰り返しますが、経済学は自然科学のような意味で科学であることはできません。したがって、いろいろな経済理論があるのです。だからこそ、経済学史を学ぶのだ、というのが本書の出発点でしたね。人は社会主義者であることも、もっと急進的なマルクス主義者であることもできます。ケインズの経済理論や新自由主義の経済思想に思い入れることもできます。

筆者がおすすめしたいのは、**過去も現在も含めて、それらの総体として、さまざまな思想・理論モデルの集まりとして経済学をとらえてはどうだろうか**、ということです。「マルクス経済学」ではなく、「マルクスの経済理論」です。「ケインズ経済学」ではなく、「ケインズの経済理論」です。

では、新古典派経済学は……。誰の経済理論とは言えませんが、要するにそれも一つの経済理論だということです。

コラム 3-2 価値判断の話をしよう

まずは基本的なことのおさらいです。

命題には「――である」というタイプと、「――であるべき」というタイプがあります。前者は「実証的命題」などと呼ばれ、事実に関する判断がその根底にあります。それに対して後者は「規範的命題」などと呼ばれ、その根底にあるのは価値判断です。

実証的命題の最大の特徴は、その命題の正しさを事実に基づいて判定することが（原則として）できるということです。これに対して、規範的命題について同じことを期待することはできません。筆者が「太陽は西から昇る」と言えば、これは実証的命題に他なりません。なぜならば、明日の朝になれば、それが間違っていることを、事実に基づいて確証することができるからです。

しかし他方で、筆者が「太陽は西から昇るべきなのだ。私の名前を日没と結びつけるとはけしからん」と言ったとしたらどうでしょうか？　それは価値判断の問題であり、誰もそれに賛成しないとしても、少なくともそれが「誤り」であることを客観的な方法で確証することはできないはずです。

読者のみなさんはもうおわかりだと思いますが、厳密な意味で「科学」と呼ばれるものは、実証的命題にのみ関わります。少なくとも近代以降の科学の発展は、それによってもたらされてきました。逆に命題の客観性を保持するためには、規範的命題はできるだけ排除し、それに関わるべきではない、ということになります。何しろ、規範的命題をいくら議論しても決着はつかないわけで、そういうときには概して、権威や知名度のある人の主張がまかり通ってしまうものです。

経済学もまさにその路線に乗りました。経済学も「科学」のようでありたい。いや、あるべきだ（おっと、これは規範的命題ですが！）。そうしてできたのが、イギリスの経済学者ライオネル・ロビンズ（Lionel Charles Robbins, 1898～1984）によるかの有名な経済学の定義です。一言でいえば、経済学は「与えられた目的を達成するための、もっとも効率的な資源の配分を考察の対象とする科学」ということです。つまり、目的の選択それ自体は価値判断なので、科学としての経済学はその選択には関わりません。それは政治とか哲学とか、あちらの世界の話です。でもひとたび、目的が与えられさえすれば、経済学はそれを達成するためのもっとも効率的な手段を提供しますよ、というわけです。

さて、ここでまたクイズです。いま述べたような経済学の定義には、実はしっかりと「価値判断」が埋め込まれているのです。それはどこでしょうか？

答えは「効率的な」という部分です。それは功利主義哲学に基づく、立派な価値判断なのです。通常は、各人の満足（効用）が最も高くなるような資源配分であり、ほとんどの場合は、より多く（あるいは同じことですが、より安く）消費できる、ということなのです。

言うまでもなく、それは誰もが同意する唯一・最優先の価値判断ではありません。さらに、それが**価値判断である以上、それをもって普遍性・客観性を主張することは決してできない**わけです。したがって、本文で述べたように、リカードが比較優位の原理に基づいて自由貿易を称賛するとき、その根拠は「自由貿易にすれば、同じ労働量で、よりたくさん消費できる」ということです。それはつまり、功利主義哲学という立派な価値判断に基づいて主張されているのです。

それに対して、「ある財をより多く消費できることより大事なことがあるんじゃないか？」という反論が出てきても、何ら不思議ではありません。まさにリストは、「国民経済が生産諸力を高め、全体として発展することは、ある時点で、財の値段が少しばかり安くなることより重要である」という価値判断に基づいてリカードの理論を批判しているのです。

現代のグローバリゼーションがもたらしたさまざまな弊害も、「財の値段が安くなる」という一つの価値判断が、それ以外の、人びとが雇用と職能を維持できる、グローバリゼーションの成果を公平に分配する等々、といった価値判断よりも優先されていることから生じていると考えられるのではないでしょうか。

しかもさらに悪いことに、経済学が科学だと信じて疑わない一部の経済学者は、「財の値段が安くなる」という言葉が、一つの価値判断であるとは認識していないのです。したがって、**自由貿易の利益は、あたかも科学的、客観的、普遍的な命題であるかのごとく述べられる**のです。こうして、経済学は「鵜の真似をする烏」となって、溺れているのだと思います。

値段が安くなることも、人びとが雇用・職能を維持できることも、平等な分配を実現することも、途上国がさらに経済発展することも、そして経済成長よりも豊かな精神生活を優先することも、すべてが価値判断です。それらはどれも、残念ながら、客観的に、科学的に白黒をつけることはできません。だからといって、できるふりをすることも許されません。では、どうするかって？

そう、われわれはもっと、価値判断の話をしようではありませんか！

第4章　自由放任主義、ついに敗れる

HISTORY OF ECONOMIC

世界は、私的利益と社会的利益とがつねに一致するように、天上から統治されてはいない。世界は、実際問題として両者が一致するように、この地上で管理されているわけでもない。啓発された利己心が、つねに公共のために作用するというのは、経済学の諸原理から正しく演繹されたものではない。また、利己心が一般的に啓発されているというのも正しくない。（ケインズ「自由放任の終焉」344ページ）

こうした完全市場は、もちろん、決して実在しないものと理解されていた。しかしながら、周知のいま一つのもっとたいせつなことは、長年にわたって現実が、この自由主義的理想状態から絶えずますます遠ざかってきたということである。（ミュルダール『福祉国家を越えて』42ページ）

1／市場の失敗 ―ピグー

19世紀の経済学を支配した自由放任主義のイデオロギーに終止符を打ったのは、現実への政策対応を通じてでした。それについては、次節でご紹介します。しかし、意外なことに、政府の役割を経済理論的に正当化する議論は、経済学の主流のど真ん中からも現れました。ピグー（Arthur Cecil Pigou, 1877～1959）の厚生経済学です。

本書ではほとんど取り上げませんでしたが、経済学には19世紀後半に、後に「限界革命」と呼ばれる大きな変革が起こります。それまでの古典派経済学が、価値や価格をもっぱら生産の側から説明しようとする傾向があったのに対し、効用を最大化する個人から需要の理論を導くことに成功した人たちが現れました。イギリスのジェヴォンズ（William Stanley Jevons, 1835～1882）、オーストリアのメンガー（Carl Menger, 1840～1921）、そしてフランスのワルラス（Marie Esprit Léon Walras, 1834～1910）によって、ほぼ同じ時期にそれぞれ単独で打ち立てられました。１８７０年代初頭のことです。

それらをそれ以前の古典派経済理論との連続性を含め、分析道具として見事に体系化したのが、マーシャル（Alfred Marshall, 1842～1924）です。彼はイギリス、ケンブリッジ大学の教授であり、彼によって体系化された理論は「新古典派経済学」と呼ばれます。彼の主著である『経済学原理』（1890）の原タイトルは、Principles of Economics です。それまで経済学は Political Economy と呼ばれていましたが、この本からは Political が取れました。経済学が一つの独立した学問体系となったことを意識しています。そしてその大系はいっそうの数学的洗練を経て、現在に至るまで経済学の主流に位置し続けています。これによって、価値や価格は需要と供給によって説明されるものとなりました。そう、われわれがよく知っているところの需要曲線と供給曲線の理論です。

ピグーは、そのマーシャルの後継者であり、30歳という若さで、マーシャルの後を継いでケンブリッジ大学の教授になります。ですから、いわば主流派の頂点に君臨していた人でした。新古典派経済学は、アダム・スミスが主張した議論、すなわち自由な競争の結果、社会的にある望ましい状態が実現することを、より近代的な、エレガントな方法で論証しました。したがって、それだけを見れば、自由放任主義をいっそう強力に支持する道具となって然るべきものです。

しかしピグーは、新古典派経済学の分析道具を応用して、逆に、ある状況下では、自由競争のメカニズムが社会的に望ましい状態を実現しないことを分析しました。今日では「市場の失敗」と呼ばれるケースです。そしてそれを是正する手段として、政府の役割を分析的に明確化しました。彼の主著である『厚生経済学』(1920)からそのままとって、今日、その研究分野を厚生経済学と呼びます。

市場の失敗が起こる代表的なケースが「外部性」なのですが、これについても筆者は別の本で多少詳しく説明しています。ここではそのエッセンスのみを説明したいと思います。

外部性とは、ある人や企業の行動が他の人びとの利益や満足に「直接の」影響をもたらすケースをいいます。たとえば、企業が生産物と同時に、廃棄物や汚染物質を排出している公害のケースが一番わかりやすいでしょう。

その場合、企業は自分にとっての生産費用（私的費用といいます）を考慮して生産活動をするのですが、人びとへの迷惑や悪影響を含めて、社会全体で実際に生じている費用（社会的費用）はもっと高くついていることになります。社会的に望ましい意思決定は、当然、この社会的費用に基づいたものでなければならないにもかかわらず、自由競争の市場においては、企業は私的費用しか考慮しません。

「社会的純生産物（social net product）」という用語で意味するのは、国民分配分への寄与総額であり、「私的純生産物（private net product）」という用語で意味するのは、その産業の経営者の稼得への寄与額である。明らかに、一般に産業経営者は、自分の活動の社会的純生産物ではなく、私的純生産物に関心をもつ。したがって明らかに、各産業で社会的純生産物と私的純生産物が乖離する場合には、利己心の作用によって各産業の投資の社会的限界純生産物は均等化される傾向がある、と期待する理由はまったくない。（ピグー『富と厚生』１６７ページ）

ピグーの『厚生経済学』は、現在、日本語訳が入手困難なので、そのエッセンスが凝縮された１９１２年の『富と厚生』から引用することにします。ちょっと技術的な文章ですが、「社会的純生産物」や「私的純生産物」というのは、ここで筆者がそれぞれ、社会的費用、私的費用と呼んだものに対応します。また、ピグーが「国民分配分」と呼んでいるのは、今日のGDP、すなわち国内総生産に相当します。そして「社会的限界純生産物の均等化」というのは、社会的に望ましい状態が実現するための数学的な条件だと思ってください。

この**私的費用と社会的費用の乖離こそが、市場の失敗をもたらす**原因なのです。自由な市場のメカニズムは、放っておいてもそれを解決することはできないのですから、政府が課税や規制を通じて対応することが必要になります。これは今日のミクロ経済学の教科書には、ほぼ必ず書かれているほど一般的な議論です。

筆者は、ここに政府の役割の本質の一つを見る気がします。各人が利己的かつ自由に行動したときに、社会的に調和した望ましい状態が実現するか、というのがこれまで本書の一大テーマでした。そしてそれが正しいか否かは、その人の行動が他の人の迷惑にならないかどうかにかかっているのです。**外部性とは、まさにその迷惑に相当するものが生じるケースであり、そのときには、自由な市場のメカニズムは、望ましい状態を実現することはできず、それに対しては、政府による介入や規制が必要となる**のです。

ピグーはまた、政府による所得の再分配が社会的により望ましい状態を生み出す可能性についても、主流派の分析道具を用いて示しました。前述した限界革命というのは、人がある財を消費したときに、追加で得る満足が次第に小さくなるという原理を発見したことによってもたらされました。どんなに甘いものが好きな人でも、最初に食べる1個目のチョコレートから得る満足に対して、５個目、10個目のチョコレートから追加で得られる満足は小さくなっていきます。これは経済学では、「限界効用の逓減《ていげん》」と呼ばれます。

この考え方を貨幣に適用すると、今日の食事にも困っている貧しい人にとっての１万円と、大金持ちにとっての１万円は、追加でもたらす満足に大きな違いがあります。前者にはとてもありがたい1万円も、後者にとっては落としても気づかないようなものかもしれません。そうであれば、大金持ちから貧しい人に1万円を再分配すれば、大金持ちから失われる満足（ほとんど取るに足らない）をはるかに上回る大きな満足が貧しい人にもたらされることになります。

その最も抽象的な形では、経済的厚生は、他の事情が一定ならば、国民分配分の分配を平等化するどんなものによっても増加する傾向がある、と主張される。もし社会のすべての成員が類似した気質をもち、またこれらの成員が２人しかいないと仮定すれば、容易に示されるように、その２人のうちの豊かな方から貧しい方へのどんな移転も、あまり強くない欲求を犠牲にして強い欲求を満たすことを可能にするのだから、その２人の満足の総和は増加するに違いない。（ピグー『富と厚生』66ページ）

ここで重要なただし書きは、**この再分配によって全体の富が縮小することはない**ということです。**全体の富が小さくなってしまうのでない限り、富のより平等な分配は、社会全体にとってより望ましい状態を実現する**ということです。もちろん、ここで「より望ましい」という意味は、功利主義的な基準であり、人びとの効用の総和であると考えてよいと思います。すでに述べたように、新古典派経済学の根底にある価値判断の基準は、もう徹頭徹尾、功利主義です。

こうして、主流派経済学のトップによって打ち立てられた厚生経済学、とりわけ**「市場の失敗」に関する理論は、そのまま今日のミクロ経済学の、そして経済政策論の基礎**となっています。筆者は、それは市場のメカニズムに関する理論の中でも最重要な部分を形成していると思っています。

ただなんとも不思議なことに、いくら教科書にちゃんと書いてあっても、市場のメカニズムを至上のものとして賛美する人たちには、「市場の失敗」は実に都合よく無視されてしまうのです。

2／福祉国家の到来――三人の政治家

自由放任主義が敗退する決定打の一つは、社会福祉が政府の仕事であることが認められたことであったと思います。そして、これからお話しするように、それは経済理論によって裏づけられるより先に、政治家が目の前の現実に対処する形で起こりました。それは主に、三人の政治家によってもたらされました。

その三人とは、ドイツのビスマルク（Otto von Bismarck, 1815～1898）、イギリスのロイド・ジョージ（David Lloyd George, 1863～1945）、そしてアメリカのフランクリン・ルーズベルト（Franklin Delano Roosevelt, 1882～1945）です。順にご紹介しましょう。

ビスマルクはドイツの宰相です。前章のリストのところでお話ししましたが、この時代のドイツはまだ統一されておらず、いくつもの国が連邦を形成していました。ビスマルクはその一つのプロイセンの首相でした。そして、１８７１年に統一ドイツが成立すると、その宰相にもなりました。まさにビスマルクはドイツ統一の立役者でした。その卓越した指導力と苛烈な政策から「鉄血宰相」などとも呼ばれた人です。

彼は、前章で述べたような労働者の惨状から生まれた社会主義革命運動、暴動に対しては、断固とした弾圧をもって臨みました。１８７８年の社会主義者鎮圧法です。しかし他方で、やむを得ない事情で困窮している労働者に対して政府が手を差し延べることを、世界で初めて法制化した人でもありました。ビスマルクこそ、福祉国家とその基礎となる社会保障制度の生みの親だったのです。厳しい弾圧との両輪政策は、「アメとムチ」などとも形容されました。

１８８３年には、病気で働けなくなった人のための保険制度である疾病保険法、同じく１８８４年の労災保険法、１８８９年には高齢者および所得稼得不能になった人のための年金に相当する障害・老齢保険法を成立させました。いずれも、世界で最初に法制化されたもので、まさに今日の社会保障制度の先駆に他なりませんでした。

ビスマルクによるドイツの社会保障制度は、１９０８年にドイツを訪れたイギリスの政治家ロイド・ジョージによってイギリスに持ち帰られました。彼はいくつかの大臣を経験して、後にイギリスの首相にもなりましたが、同年、大蔵大臣として、高齢者への年金制度である老齢年金法の制定に尽力しました。また１９１０年には、今日の累進課税政策に相当する「人民予算」を成立させ、１９１１年、健康保険と失業保険を含んだ国民保険法の制定にも尽力しました。

もちろんこれらの政策も、純粋に慈愛の精神によるものというよりは、高まる労働運動への対処という性格が強いことは事実です。ただし、ドイツよりも民主主義が進んでいたと考えられるイギリスでは、ロイド・ジョージによって、より福祉国家的な性格の強い社会保障制度が整備されたことになります。

ルーズベルトは、アメリカの第32代大統領です。アメリカにはもう一人のルーズベルト大統領（第26代セオドア・ルーズベルト）がいますので、混同しないようにしてください。32代のフランクリン・デラノ・ルーズベルトは、しばしば「ＦＤＲ」と略称で呼ばれます。

彼が直面したあまりに大きな現実は、世界大恐慌でした。それは１９２９年10月、アメリカの株式市場の大暴落を期に、世界中に広まった不況の嵐です。アメリカの失業率は23％になり、国によっては30％を超えました。また、激しい物価の下落をともなっており、農業・工業に壊滅的打撃を与えました。

ルーズベルトの対応は、銀行の救済（１９３３年、緊急銀行救済法）と規制（同年、グラス・スティーガル法。その中には少額預金を保護するための連邦預金保険公社の設立を含む）、農産物の価格維持（同年、農業調整法）、失業者を雇用するための公共事業（同年、テネシー川流域開発公社）、全国産業復興法（同年）による工業製品の価格維持、労働者の保護、最低賃金の確保、失業保険や年金を整備した社会保障法（１９３５年）と、多岐にわたりました。ルーズベルトの政策は「ニューディール政策」という名でよく知られています。その政策の多くが１９３３年に集中しており、現状を打開するために一気呵成に打ち出された観があります。

政策に対する評価自体には、賛否両論がありました。しかし、ここで重要なことは、**緊**

急事態を前にして、政府がその打開のために経済に大胆に介入することが結果として受け入れられたということです。そしてその対象は、経済のさまざまな規制から失業者および弱者、困窮者の救済という社会保障・福祉的な分野にまで及びました。いわば、それが政府の仕事であることが、認められたのです。

20世紀に入って、人びとは第一次世界大戦、世界大恐慌、第二次世界大戦と、いずれも政府による経済・社会への大規模な介入を経験しました。とりわけ戦時下においては、政府の統制が強まることを多くの人は受け入れる傾向があります。大恐慌という緊急事態においても同じでした。そうした経験を経て、自由放任ではない経済・社会への扉が開けられていったと言えると思います。そして経済理論は、後からそれに続いていったのです。

この節の最後にもう一つ付け加えることがあります。世界大恐慌に直面して、公共事業、社会保障・福祉的な政策をとったのは、もちろんアメリカだけではありません。とりわけ顕著であったのがスウェーデンでした。そこでは、一部の経済学者が政治家や公務員とタッグを組んで、あるいは経済学者がみずから公務員となることによって、問題に取り組みました。

そうした中から、のちの福祉国家の形成モデルとなるような実践が、それを支える理論とともに彫琢されたのです。それに関わった経済学者には、ミュルダール（Karl Gunnar Myrdal, 1898～1987）、オリーン（Bertil Gotthard Ohlin, 1899～1979）、リンダール（Erik

Lindahl, 1891～1960）などがいます。彼らの政策・理論の中には、この後に出てくるケインズを先取りしたものも含まれていました。しかし、そうは言っても、彼らの理論はスウェーデン語で書かれていましたから、それらがいかに先駆的な議論であったとしても、当時、それらが世界に影響を及ぼすことはなかったのです。

ただし別な文脈ではありますが、ミュルダールは１９７４年に、オリーンは１９７７年に、それぞれノーベル経済学賞を受賞しています。

3／自由放任の終焉―ケインズ

すでに述べましたように、自由放任主義への引導は、政治家によって渡されましたが、経済学の側でそれを成し遂げたのは、疑いもなくケインズ（John Maynard Keynes, 1883～1946）でした。主著『雇用、利子および貨幣の一般理論』（1936）が経済学にもたらしたものは、まさに「ケインズ革命」と呼んで差し支えのないものでした。そういうセンセーショナルな言い方をあえてするのは、ケインズ自身が革命的であることを意識していたと思われるフシがあるからです。彼は、自分の師であるマーシャルや兄弟子に当たるピグーを含めて、自分以前の経済学をひとまとめに「古典派」と呼んで、攻撃の対象としました。

もちろん時代的な背景というものもあったと思われますが、ケインズの提唱した経済理論は、大きな反発を引き起こす一方で、非常に大きな影響力をもって浸透し、とりわけ第二次世界大戦後には、経済運営に関する人びとの考え方を大きく変えることになりました。

それは一言でいえば、**政府による経済へのさまざまな介入を制度的前提とした資本主義経済**というものです。社会主義のように、資本主義や自由市場経済そのものを否定するのではなく、政府による経済活動によって補完された自由市場経済というあり方です。それは「修正資本主義」「混合経済」などと呼ばれました。

> 私としては、資本主義は賢明に管理されるかぎり、おそらく、経済的目的を達成するうえで、今までに見られたどのような代替的システムにもまして効率的なものにすることができるが、本質的には、幾多の点できわめて好ましくないものであると考えている。われわれの問題は、能うるかぎり効率的であって、しかも満足のゆく生活様式にかんするわれわれの考えに抵触することのないような、社会組織を創り出すことである。（ケインズ「自由放任の終焉」352ページ）

その「好ましくない幾多の点」の代表的なものが、雇用と所得分配の問題だと言います。

われわれの生活している経済社会の顕著な欠陥は、完全雇用を提供することができないことと、富および所得の恣意的で不公平な分配である。（ケインズ『雇用、利子および貨幣の一般理論』375ページ）

ケインズの経済学については、すでにおびただしい数の解説がありますので、ここでは、例によって、本書のテーマに関わる限りにおいて、そのエッセンスを要約することにしたいと思います。

①貨幣経済においては「セイの法則」は成立しない。
②投資支出は企業家の長期予想とアニマル・スピリットに基づいており、つねに不安定である。
③不況は有効需要、とりわけ投資支出の不足によって生じる。
④市場経済は非自発的失業をともなったままの状態に留まり得る。
⑤有効需要の不足を補うために、政府による財政・金融政策が不可欠である。

まず①ですが、ケインズの経済理論は「セイの法則」を正面切って明確に否定するところから始まると言っても過言ではありません。では、セイの法則を否定するとはどういうことであり、その根拠はどのようなものでしょうか？

第2章5で説明したように、その年に生産された穀物を全部食べてしまうと、来年の生産ができません。したがって、一部の穀物を取っておいて、来年の種蒔きに使います。このとき、取っておく分が貯蓄であり、来年のために蒔く分が投資です。したがって、貯蓄と投資は必ず等しいものとなり、その年の生産物は消費されるか、投資に用いられるか、いずれにせよ全部使われます。余ることはないのです。

実は、古典派経済学における貯蓄と投資の議論も、いわばこの延長にあります。生産の過程には時間がかかりますから、雇い主は、生産物ができあがるまでの間、労働者を食べさせなければなりません。この労働者への前貸し部分（流動資本といいます）が、いわば投資に相当するわけです。その年の生産物を雇い主がすべて消費してしまったら、やはり投資はできません。全部を消費せずに（それが貯蓄ということです）、次の生産のために労働者を雇う（投資）ことで、次の生産物を生産することができます。こうして、その年の生産物は、雇い主が消費するか、または消費されなかった分（貯蓄）は、来年の生産物を作るための投資として労働者によって消費されることになり、やはり余ることはありません。

経済をさらに成長させるためには、来年の生産のためにより多く投資しなければなりません。そのためには、より多く貯蓄するか、または誰かの貯蓄を借りてくるしかありません。基本的に貯蓄が不足しているような想定のもとでは、貯蓄は投資のためにするものなのです。つまり、使われない貯蓄なんてないのです。そして、貯蓄した分も必ず投資という形で支出されるのであれば、供給された生産物には、必ず需要があることになります。まさにそれが「セイの法則」です。

ケインズは、その想定を否定しました。何よりも、貯蓄をする人びとと投資をする人びとは、まったく別な人びとです。貨幣経済においては、とりわけそれが甚だしくなります。貯蓄をする人びとは、別に投資をするためではなく、当面使わないから、または何かあったときのために貨幣の形で持っていたいから貯蓄しているのです。

ここから先が②です。投資をするのは企業家です。彼らは事業を成功させ、拡大する野心をもって投資をします。ケインズはそれを「アニマル・スピリット」と呼びました。それは基本的には、不確実な将来を見据えた行為であり、それゆえ不安定になりがちです。妙に楽観的になる人もいれば、妙に悲観的になってしまうこともあるでしょう。金融制度が発達すれば、必要に応じて借り入れをすることができますから、投資家は必ずしも、投資のために貯蓄する必要はありません。

いずれにしても、そういう状況下では、人びとの**貯蓄が必ず投資されるという保証はな**

いということになります。そして、**投資されない貯蓄があるということは、需要されない生産物があるということです。**これが③「不況は有効需要、とりわけ投資支出の不足によって生じる」の意味するところです。

それは経済全体としてみたときに、生産物に対する十分な需要がないという可能性を意味します。第2章の言葉でいえば、「一般的な供給過剰」が起こり得るわけです。ケインズはそれを「有効需要の不足」と言いました。それは主に、投資されない貯蓄、言い方を換えれば投資の不足によって生じる傾向があると考えました。なにしろ、貯蓄はどちらかというと堅実な行為であるのに対して、投資は不確実で不安定なものですから。

それればかりでなく、社会が豊かになればなるほど、現実の生産と潜在的な生産との間の差はますます拡大する傾向にあり、したがって経済体系の欠陥はますます明白かつ深刻なものとなる。なぜなら、貧しい社会はその産出量のきわめて大きな割合を消費する傾向にあり、したがって完全雇用の状態を実現するにはごくわずかな程度の投資で十分であるが、他方、豊かな社会は、その社会の豊かな人々の貯蓄性向がその社会の貧しい人々の雇用と両立するためには、いっそう豊富な投資機会を発見しなければならないからである。（ケインズ『雇用、利子および貨幣の一般理論』、31ページ）

有効需要の不足は、生産の過剰を引き起こし、その結果、生産の縮小、雇用の減少、つまり失業を生み出すのです。しかし、それに対しては、市場の調整メカニズムが働くという反論もあり得るでしょう。失業があるなら、賃金が下がることで調整される。貯蓄が余って、投資が足りないなら、利子率が下がって調整されるであろう、というわけです。

しかし、ケインズはこれらを否定しました。それが④「市場経済は非自発的失業をともなったままの状態に留まり得る」です。

経済全体の生産が縮小しているときに賃金が低下すると、労働者の所得はますます減少するため、有効需要はさらに減少することになります。貯蓄が余っていても、利子率はそれを調整しません。そもそも経済全体で所得が下がれば、貯蓄も下がります。この貯蓄の減少によって調整が生じるのです。最終的に、経済は少ない投資に貯蓄を合わせるような所得の水準で落ち着いてしまうことになります。そこでは、生産は縮小したままであり、失業が存在したままです。そこから動きません。

自由市場のメカニズムがそのような状態に落ち着いてしまう以上、市場はその問題を解決することができないことになります。いわば、これも広い意味での「市場の失敗」と言っていいと思います。

それに対するケインズの解決策が⑤「有効需要の不足を補うために、政府による財政・金融政策が不可欠である」ということになります。**政府が民間に代わって、公共事業とい**

う形で投資を行なうことで、社会的な有効需要の不足を補うわけです。

ケインズはこの点に関して、もう一つ大きな貢献をしました。政府の支出は、お金を使ってそれで終わりではありません。政府の使ったお金は、公共事業で雇われた労働者や政府に物を売った人びとの所得になります。そして彼らは、その所得からまた消費を行ないます。そうすれば、それはまた誰か他の人の所得になります。そしてまた……。このような連鎖によって、当初の政府支出は、結局、その何倍かの消費支出を生み出すことになります。ケインズはこれを「乗数」と呼びました。

一般に受け入れられている古典派経済理論に対するわれわれの批判は、その分析における論理的な欠陥を見出すことではなく、その暗黙の想定がほとんどあるいはまったく満たされていないために、古典派理論は現実世界の経済問題を解決することができないということを指摘することであった。（ケインズ『雇用、利子および貨幣の一般理論』381ページ）

ケインズの理論は、戦後の自由主義社会における経済運営を支配したと言っていいと思います。こうして、自由放任主義はついに敗れ去りました。それはまず緊急事態への政治的対応によって、現実の前に挫折し、経済理論における「ケインズ革命」によって、とどめを刺されたということになるでしょう。

4／福祉国家を求めて ― ベヴァリッジ

ケインズの経済学は、基本的には、不完全雇用という「市場の失敗」に対する政府の積極的な役割を提唱するものでした。それに加えて、すでにさまざまな形で実践されていた社会保障という考え方をセットにすることで、政府の役割は「福祉国家」という考え方に結実します。

それに対して具体的な意味付けをしたのが、ベヴァリッジ（William Henry Beveridge, 1879～1963）でした。彼はイギリスの政治家として、政府のさまざまな委員会に関わり、社会保障を中心とした社会改革の提案に尽力しました。後には、ロンドン・スクール・オブ・エコノミクスの学部長も務めました。

彼が１９４２年に発表した「社会保険と関連サービス」という報告書は、『ベヴァリッジ報告』として知られ、広く戦後の先進諸国における福祉国家像の雛形となりました。とりわけ、ケインズの経済理論を踏まえて、**完全雇用を実現することと、広範な社会保障を提供することは、政府の義務である**ことを明確に述べました。

この報告の第5章に提示する社会保障計画は、戦後に欠乏を根絶することを目標としている。それには、その主要手段としての強制的な社会保険と、これを補助する手段としての公的扶助と任意保険とが含まれる。この計画は、その前提として扶養児童に対する手当を想定している。また計画は、社会保険を成功させる必要条件として、包括的な保険およびリハビリテーション・サービスの創設ならびに雇用の維持、すなわち大量失業の回避、も前提としている。（ベヴァリッジ『ベヴァリッジ報告』7ページ）

この考えは、第二次世界大戦後の1945年に政権に就いたイギリスのアトリー労働党内閣によって具体化されました。その広範な社会保障制度は「ゆりかごから墓場まで」というスローガンでよく知られています。

しかし、実際にベヴァリッジが提案した社会保障の考え方は、このスローガンから想像されるほど「何でもあり」ではありませんでした。実際、このような形で政府の役割が大きくなることに対しては、心配な面もあるはずです。とりわけ、第3章3で紹介したJ・S・ミルによる議論、すなわち政府の役割が大きくなることへの反対論③－5で挙げた、人びとの公共心や能動性を奪ってしまうことへの懸念が思い出されるかもしれません。ベヴァリッジの考え方にも、その点に関する配慮がうかがえます。

第3の原則は、社会保障は国家と個人の協力によって達成されるべきであるという点である。国家は、サービスを保障し、拠出金を確保しなければならない。国家は、保障を組織化するに当たって、個人の意欲、機会、責任感を怯ませるようなことがあってはならない。ナショナル・ミニマムを確立するに当たっては、各個人が、自分自身と家族のためにその最低限以上の備えをしようとする自発的な努力の余地を残し、これを奨励すべきである。（ベヴァリッジ『ベヴァリッジ報告』５ページ）

ここに「ナショナル・ミニマム」という考え方が登場します。その背後には、やはりプロテスタント的な勤勉、自助努力を賛美する発想が根底にあると思います。今日における福祉や分配の正義に関する議論からすれば、反論もあり得るかもしれません。

しかし、ベヴァリッジの福祉国家像は、その基本において、**勤勉と自助努力を奨励しつつ、不幸な理由でそれがかなわないときのセーフティネットを提供するのが政府**である、というものであると言えます。

長期失業に関して１９３０年以降採用されてきた手法やしばしば長期労働不能に関して提案されている手法は、すなわち、保険料を低く抑えるために国の援助で保険の負担を軽くすることは、原則として正しくない。被保険者は、どのような原因でそうなったとしても、働かないでいる間の所得が底なしの財布から得られるかのように考えてはならない。政府は、施しをすることによって、失業や病気を最小限に減少させるという重要な責任を免れることができると考えるべきではない。（ベヴァリッジ『ベヴァリッジ報告』14ページ）

本書のテーマ「政府の役割」との関連で、福祉の問題を考えるためには、二つのことがとりわけ重要になると思います。

一つは、福祉や社会保障は、それが必須のものであるとしても、果たしてそれは、政府によって提供されるのが最も望ましいあり方なのかという問題です。さまざまな組合組織やNPO法人などの中間的組織の存在がもっと重視されるべきであるかもしれません。

ここでも前章のJ・S・ミルの議論を思い起こせば、福祉国家として政府がその役割と権限を拡大することに対しては、社会の側から力の均衡を保つべく、いわば社会の自助努力が必要となるのではないかという議論です。

もう一つは、福祉国家とグローバリゼーションとの親和性を確保することができるのかという点です。福祉や社会保障という考え方は、人びとが国家という共同体意識に支えられているときによりよく機能するように思います。隣人を救うために支出をいとわないのは、その隣人が仲間であると思えるときです。逆に、そのような共同体意識を共有できない人たちに対して、みずからの所得を削って手を差し延べることができるかどうかは、自明なことではありません。

移民や難民に対する排斥運動は、まさに福祉国家において誰が救うべき隣人たり得るかを考えさせる問題です。ＥＵにおいても、ドイツの人びとは自国の同胞を救うことはしても、ギリシャの人びとを救うことは拒否しました。

本章の２で触れたスウェーデンの経済学者ミュルダールは、福祉国家に関する研究でもよく知られています。

> われわれは、西欧的世界の富国での民主的福祉国家が保護主義的であり、また、国民主義的であるという事実に正面から対決しないかぎり、けっして今日および明日の国際問題と取り組むことができないであろう。（ミュルダール『福祉国家を越えて』２０８ページ）

彼が求めたものは、福祉国家ではなく、それを超えた福祉社会でした。それがどのようなものかは必ずしも具体的ではありません。しかしわれわれは、**政府の役割として、福祉＝国家とは限らないことを認識する必要がある**ように思います。

コラム 4−1　マクロ経済学の空白期間

経済学者のアントアン・マーフィー（Antoin E. Murphy）は、その著書（*The Genesis of Macroeconomics*, Oxford University Press, 2009）の中で、**マクロ経済学には19世紀を通じて空白期間があった**ことを指摘しています。

われわれが今日知っているマクロ経済学の分析的な枠組みは、本書の第4章で登場するケインズによって打ち立てられました。また、国民所得統計をはじめ、マクロ経済分析の基礎となる集計量データを整備したのは、クズネッツ（Simon Kuznets, 1901～1985）です。そして、そもそも「マクロ経済学（macroeconomics）」という言葉自体が、フリッシュ（Ragnar Frisch, 1895～1973）によって初めて用いられたとされています。いずれも１９３０年代の話です。

しかし、マーフィーによれば、マクロ経済学には19世紀以前にも偉大な先駆者たちがおり、それがソーントン（Henry Thornton, 1760～1815）の１８０２年の著作（*Paper Credit of Great Britain*）以降、１００年以上にわたって空白期間を迎えたというのです。もちろんわずかな例外があったことは彼も認めています。第2章で取り上げた一般的供給過剰をめぐる論争におけるシスモンディやマルサスの議論は、マクロ経済学的なものですが、マーフィーの扱いでは例外的なものとなっています。仮にシスモンディやマルサスを、マクロ経済学の偉大な先駆者にカウントしたとしても、やはり19世紀半ば以降、上述の１９３０年代まで、１００年弱にわたってマクロ経済学の空白期間があったというのは、その通りであったかもしれません。

しかし、そういうことを言うと「いや、いや、歴史に名を残したような経済学者の大著は、みなマクロ的な視点をもっていたではないか。マーシャルやマルクスだってそうだ」と言う人が出てきます。

そこで問題なのは、「マクロ経済学とは何か」です。この点を曖昧にしては、ここでの議論は始まらないのです。

結論を先に言ってしまうと、マクロ経済学とは、単に経済社会への全体的（巨視的）視点をもつというだけでなく、「経済全体の活動水準の変動」を分析するものであるということです。そして、そもそも**経済全体の活動水準が短期的に変動し得るということは、「経済は不況になり得る」ことを認めること**なのです。

経済全体の潜在的生産能力は、その経済で利用可能な資源、人口、技術等によって決まります。目一杯生産したときに、どれだけ生産できるか、という話です。ところが、経済はしばしば、その潜在的生産能力のすべてを利用することができないという病に陥るのです。それはすなわち、働きたいのに仕事がない人びと（非自発的失業）やせっかくあるのに使われない設備（遊休設備）をともなった不況の状態を意味します。そういうことが生じ得ることを認めなければ、そもそも全体的活動水準の変動という考えは出てきません。せいぜいあり得るとすれば、潜在的生産能力それ自体の拡大、つまり、経済成長の議論です。それもまたマクロ経済学の一環であることに違いはないのですが、話の半分にすぎないのです。

筆者は、しばしばこれをバスタブにたとえます。バスタブの大きさが、経済の潜在的生産能力に対応します。どうすればバスタブ自体が大きくなっていくかという議論は、経済成長論に相当します。他方で、バスタブにいつでもお湯が目一杯入っているとは限らないというのが、経済の全体的活動水準の議論です。せっかくのバスタブにお湯が7割しか入っていないこともあるのです。

マクロ経済学の空白期間とは、まさに経済理論の歴史において、そのような意味での経済の全体的活動水準の変動に関する理論、すなわち好不況のメカニズムに関する理論への貢献が100年弱にわたって停滞したことを意味しているのです。景気の停滞に関する議論そのものが停滞していたなんて、シャレにならないですよね。

でも、これまで読み進めてきた読者のみなさんには、もう犯人の目星がついているのではないでしょうか。そう、それは「セイの法則」です。「供給はそれみずからの需要を創出する」というこの命題が、Ｊ・Ｓ・ミルの権威によって19世紀半ば以降の正統派経済学を占拠しました。その帰結として、「経済において、一般的な供給過剰（＝不況）というものは生じ得ない」ことになってしまいました。なぜなら、潜在的生産能力を目一杯用いて生産すれば、必ずそれに見合った需要が存在するのですから、売れ残りも生産の縮小も、そのための労働者の解雇もあり得ません。つまり、**マクロ経済学の中心的なテーマとなるべき経済現象自体が、経済学の議論の対象から追放されてしまった**のです。

そして、経済学はやがて需給均衡（それもまた「セイの法則」の従兄弟のようなものです）を基礎とする「新古典派経済学」に引き継がれました。19世紀後半のことです。そこでは、潜在的生産能力の完全利用はもはや前提であって、経済学はそれらの効率的な利用方法を議論する学問になりました。

１００年弱にわたる眠りが、ようやくケインズの革新的業績によって覚まされたとき、彼はまず「セイの法則」自体を否定することから始めねばならなかったのです。

そうそう、ちなみにこのコラムには、タイトルの候補がもう一つありました。それは「セイ法則の呪い」。ちょっとおどろおどろしいので思いとどまったのですが、実は、そんなに悪くなかったかも、と密かに思っているのです。

コラム4-2 そしてまた、誰もがケインジアンになった

COVID-19の世界的感染拡大により、世界経済は軒並み顕著なマイナス成長となりました。他方で、それを受けて、先進国では軒並み、積極的な財政支出が行なわれ、その総額は13兆8750億ドルにも及ぶと報道されました。またそれにともなって世界的にも、公的債務はGDP比で史上最高の101・5％（数字はいずれも、2021年4月時点のもの）に達し、2008年の世界金融危機をはるかに凌いでいるばかりか、第二次世界大戦後をも上回っているといいます。

興味深いのは、第5章で見るような新自由主義が復活して以降、このような政府支出の増加に対して、ついこの間までであれば、「バラマキ」「将来世代へのツケ」「インフレへの懸念」といったお決まりの批判が起こってくるのが常でした。しかし、今回ばかりは、そんな主張も「支援が足りない」「もっとスピーディに」といった要請にかき消されてしまっているかのようです。

そう、**いまや、世界中が再びケインジアンになった**のです。

ここで言う「ケインジアン」とは、まさに本文で説明した通りの意味においてです。つ

まり、それは経済的停滞への対策として、財政政策を用いるということです。というのも昨今のマクロ経済学の教科書は、そこをかなりラフに拡大して解釈しているようなのです。本来、景気対策がもっぱら金融緩和に偏重しているときに、その主導者をケインジアンとは言いません。ましてや、日本のように、**金融の異次元緩和を行なう一方で、消費税の増税をするなど、筆者に言わせれば、ケインジアンの風上にも置くことは許されない**のです。

しかし他方で、本来はケインジアンではない人びとが、そのような意味でケインジアンになることは、歴史的にもそれほど目新しい事象ではありませんでした。たとえば、保守派の共和党大統領であったアイゼンハワー（Dwight David Eisenhower, 1890～1969）は、いわゆるケインズ政策の妥当性を疑問視していたと言われています。しかし、1945年に景気後退が起こったときには、70億ドルの減税の実施を認めました。『ケインズかハイエクか』（久保恵美子訳、新潮社、2016年）の著者であるニコラス・ワプショットは、その著書の中で「アイゼンハワーは、ケインズ主義的な手段によって経済を操作すると選挙で現職が有利になることを十分に理解していた、最初の大統領だった」と述べています。

さらに同じく保守派の共和党大統領であったニクソン（Richard Milhous Nixon, 1913～1994）も、1969年の大統領就任時には、ケインズ主義的な考え方とは反対の立場を表明していました。しかし、彼の支出削減政策の結果、失業率が高まっていくと、すぐにその方針を転換しました。そして、「いまや私は経済問題に関してはケインズ主義者だ」と明言したことはよく知られています。

本章で見たように、福祉政策という形での政府の関与は、ある意味では経済理論の確立に先立って、政治のリーダーによって行なわれてきました。いずれも自由市場資本主義体制を暴力革命から守るための処方箋であったと考えることができます。そしてある意味では、**ケインズ政策もまた、不況、不完全雇用という市場経済の病弊を、社会主義革命への引き金とすることなく、政府の関与を通じて解消し、自由市場資本主義という体制を守るための処方箋**であったわけです。

冷戦の終結を見た今日では、世界金融危機も、COVID-19のパンデミックも、それが社会主義革命への引き金となることを心配する人びとは、さほど多くはないでしょう。むしろ、今日の政治リーダーにとって「体制を守る」とは、自分の「政権」を守ることに他なりません。そしてそのためには、彼ら・彼女らは、保守であろうがリベラルであろうが、○○党であろうが××党であろうが、いやこの際、与党であっても野党であっても、みな「ケインジアン」になるのです。もはや思想もイデオロギーも無いに等しいのです。

「しかし、遅かれ早かれ、良かれ悪しかれ危険なものは、既得権益ではなくて思想である。」（ケインズ『雇用、利子および貨幣の一般理論』386ページ）とケインズは言いました。

筆者もそう思っていました。

しかし、ある意味ではこれこそ、ケインズが知的エリートを過大評価していた証《あかし》かもしれません。ケインズの伝記を書いた弟子のハロッド（Roy Forbes Harrod, 1900～1978）は、ケインズによるその知的エリートの過大評価を、ケインズの生まれ故郷にちなんで「ハーヴェイロードの前提」と揶揄しました。

残念ながら、いつの時代も政治リーダーは、それほど知的ではないのかも知れません（おっと、ごめんなさい）。でも、そのおかげで、真の危機を目前にして、みな、あなたのところに帰ってきましたよ、ケインズ卿！

第5章　小さな政府の逆襲

HISTORY OF ECONOMIC

「われに自由を与えよ。然らずんば死を与えよ。」（パトリック・ヘンリー、1775年、ヴァージニア植民地協議会での演説より）

偉大なハドリアヌスは当時の共同体から追放された者〈異邦人〉たちに言っていたのだ――「あんたたちの神を信じたいの？　敬いたいの？　ノー・プロブレム。パンテオンの中に片隅を見つけて、お気に入りのものに祈りなさい。ただし、近くにいる人たちに迷惑をかけないように」。なお、パンテオンのギリシャ語の意味は、「あらゆる神々を祭った神殿」を指しているのである。（クレシェンツォ『中世哲学史』14ページ）

1／インフレの責任――フリードマン

前章でご紹介したケインズの経済理論、経済政策、そして社会体制のあり方は、第二次世界大戦後の自由主義社会のスタンダードとなりました。

しかし、ケインズ的な考え方に対する根強い反発を抱き続ける経済学者たちもそれなりにいたのです。彼らは、彼らにとって不本意な時代の趨勢を眺めながら、それでも虎視眈々と自分たちの出番を待ち続けていたように思います。

戦後まだまもなくの1947年、スイスの保養地モンペルランに、自由主義を掲げる経済学者たちが集まり、「モンペルラン協会」が創立されました。そのメンバーになったのは、ハイエク（Friedrich August von Hayek, 1899～1992）、フリードマン（Milton Friedman, 1912～2006）、スティグラー（George Joseph Stigler, 1911～1991）、ブキャナン（James McGill Buchanan Jr., 1919～2013）など、いずれも後にノーベル経済学賞を受賞することになる人びとです。彼らは共産主義や計画経済に異を唱えるだけでなく、政府が市場経済に積極的に介入するケインズ的な政策のあり方にも反対でした。

それでも、戦後のケインズ的な経済・社会体制のもとで、アメリカはもちろん、ヨーロッパは復興・成長を遂げ、日本も高度経済成長を遂げました。

しかし、1960年代の後半になると、こうした戦後体制にほころびが目立つようになります。理由はさまざまです。戦後の国際通貨体制がもともと抱えていた問題が顕在化したという面もありますが、何より覇権国としてのアメリカがベトナム戦争などを通じて相対的に弱体化したことで、世界経済自体が不安定化したことが要因として挙げられると思います。

そして1970年代には、戦後の国際通貨体制、いわゆる「ブレトンウッズ体制」は崩壊し、二度にわたるオイル・ショックが起こりました。その結果、各国経済は低迷しました。高度経済成長を謳歌していた日本は、1974年に戦後初のマイナス成長を記録します。それまで不景気といえば、同時に物価も低迷するのがお決まりのパターンだったのですが、このときは、オイル・ショックの影響もあって、不景気なのにインフレに悩まされることになりました。スタグネーション（停滞）とインフレーションを合わせて「スタグフレーション」という造語が生まれたのもこのときでした。

そしてこの頃から、反ケインズの立場の経済学者たちが、ここぞとその声を大きくしていったのです。そして、インフレーションも財政赤字もすべて、ケインズ的な政策の結果であることが声高に主張されました。**インフレーションについては主にフリードマンによって、財政赤字については主にブキャナンによって、それらがケインズの負の遺産であることを示す、装いを新たにした理論が提唱**されました。ブキャナンについては、次節で取り上げることにして、ここではフリードマンの話をします。

フリードマンによって主導される経済政策の立場は、「マネタリズム」と呼ばれます。この名前の由来は、彼の政策理論が貨幣を重視すると同時に、それが装いを新たにした貨幣数量説だからです。**貨幣数量説とは、貨幣量の増加（減少）は、それと比例的な物価の上昇（下落）をもたらす**とする古くからある理論です。フリードマンの理論も貨幣の数量が、名目のGDP（ここでは物価×実質GDPと考えてください）と明確な関係をもつことを強調します。しかし実質GDPは、その国の人口、資源、技術などが目一杯用いられていれば、ある時点では与件（一定）と考えることができます。そうすると、結局、貨幣の数量はすべて物価の変動となって現れることになります。装いを新たにと言いましたが、それ自体は貨幣数量説そのものなのです。

フリードマンは、ケインズ的な景気対策が貨幣供給量を裁量的にコントロールしようとすることで、物価の不安定な変動を引き起こし、人びとや企業の意思決定を歪めることを強調します。そして、なおも景気を良くするために金融の緩和を続けようとすることが、結果として手に負えないインフレーションをもたらすと主張しました。フリードマンは、貨幣供給量を裁量的にコントロールすることはやめて、一定のルールに基づいて貨幣供給量を増加させる政策を提唱しました。要するに、**景気対策として貨幣供給量をコントロールすることから、政府は手を引けというう**のです。

フリードマンの議論には「期待インフレ率」などといった概念が含まれていて、当時、非常に説得力をもって受け入れられました。しかし、読者のみなさんはお気づきになりましたか？　いま述べた議論で本質的に重要なのは、実質ＧＤＰが与件（一定）であるという前提なのです。すなわち、フリードマンの議論は、事実上の完全雇用経済を想定しているのです。「自然失業率」などという用語で装いを新たにしたように見えますが、経済は**市場の調整メカニズムを通じて、事実上の完全雇用状態を実現することが「前提」となっているに**過ぎません。それはケインズ以前の経済学へと話を振り出しに戻しただけだと思います。

経済が完全雇用に近い状態にあるときに、さらに金融の緩和をすれば、それは物価の上昇をもたらすことについて、ケインズを含め、誰一人反対する人はいないでしょう。それにもかかわらず、フリードマンの議論はケインズ的な政策、社会体制のあり方を批判するものとして、非常に大きな影響力をもちました。おそらくその理由の一つとして、**フリードマンの議論がつねに個人の自由を賛美する主張とセットになっていた**ことがあるように思います。四半世紀にわたる政府の介入と規制を中心とする経済体制に、やや辟易していた人びとにとって、個人の自由の復権を高らかに謳う言論は魅力的に映ったのかもしれません。

フリードマンによる一般向けの著作には、『資本主義と自由』（1962）や『選択の自由』（1980）など、自由を強調したものが散見されます。

> 社会的諸制度を判定するにあたって、われわれ自由主義者は、個人の、あるいはおそらく家族の自由を究極の目標とする。この意味での価値としての自由は、人びとの間の相互関係にかかわるものでなくてはならない。（フリードマン『資本主義と自由』13ページ）

個人の自由をかけがえのないものと考えることについて、それほど大きな異論があり得るとは思いません。しかし、本書でこれまでさんざん問題にしてきたように、重要なのは**各人がその自由を行使したときに、社会全体としてはどのようなことが生じるのか**ということです。ところが、その点になると、フリードマンの議論はアダム・スミスからほとんど前に進んでいないのです。

そして個人の自由を重視するという点においては、フリードマンが敵視したケインズこそ、誰よりもそれを重視した人でした。

しかし、個人主義は、もし欠陥と濫用を避けることができるなら、他のいかなる体制と比較しても個人的選択の働く分野を著しく拡大するという意味で、とりわけ個人的自由の最善の擁護者である。また、個人主義は生活の多様性の最善の擁護者でもある。生活の多様性は、まさにこの拡大された個人的選択の分野から生ずるものであって、多様性を失うことは画一的あるいは全体主義的国家のあらゆる損失の中で最大のものである。

（ケインズ『雇用、利子および貨幣の一般理論』382－383ページ）

したがって、**ケインズは社会主義に対しては批判的**でした。フリードマンとまったく同じ理由だと思います。唯一の違いは、**ケインズは、個人の自由を放任すれば望ましい状態が実現するというドグマを否定した**ことです。

そのケインズを批判したフリードマンは、再び「小さな政府」という名の自由放任主義を復活させようとしました。しかし、それが社会的に望ましい状態を生み出すというのは、あくまで「前提」であるに過ぎません。

しかし、1979年にイギリスでサッチャーが首相になり、1981年にアメリカでレーガンが大統領になると、フリードマンの主導する新自由主義の考え方は、ついに政治の世界をも席巻しました。この二人の政治家は、その代表として取り上げられることが多いですが、**新自由主義の考え方は、程度や形の違いこそあれ、まさに世界的な現象となった**ように思います。

日本では1982年、中曽根康弘内閣が成立し、行政改革とともに国有企業の民営化が行なわれました。社会主義国においてさえ、1978年には中国の最高指導者である鄧小平によって、中国の改革開放が提唱され、1985年のソ連ではゴルバチョフが共産党書記長に就任し、「ペレストロイカ（再構築）」を打ち出しました。

こうしてまさに、**反ケインズ＝新自由主義による反革命**が現実のものとなりました。そしてその考え方は、今日においても、決して衰えることはありません。

2／財政赤字の責任 ― ブキャナン

財政赤字の責任を追求することでケインズを批判したのは、アメリカのヴァージニアを拠点に研究活動を行なったブキャナンでした。それゆえ、彼と彼の弟子たちは「ヴァージニア学派」などと呼ばれることもあります。

筆者は、彼のやや教条的なケインズ批判には同調しませんが、彼が提起した問題は、政府の役割を考えるうえできわめて重要な論点であると思っています。

たとえば、仮に市場のメカニズムにさまざまな欠陥があることを認めたとしましょう。「市場の失敗」が起こる、あるいは不完全雇用状態で経済が停滞する、さらには所得の再分配や弱者・困窮者の救済が必要である、等々です。これまでの本書の議論の多くでは、そこに「政府の役割」があるという結論になっていました。しかし、政府にはそれができるという保証はあるのでしょうか？ **市場メカニズムに任せておけばすべてうまくいく、という考え方を「市場原理主義」と呼ぶのであれば、市場メカニズムにできないことはすべて政府に任せれば大丈夫というのは、「政府原理主義」と呼ぶべきもの**ではないでしょうか？

ブキャナンのケインズ批判は、まさにそこを突いたものでした。政府はスーパーマンの集まりでもなければ、慈愛に満ちた聖人君子の集まりでもありません。むしろ、民主主義社会における政府というのは、それとは程遠いどころか、正反対だと考えるべきであると言うのです。

政府もまた個人の集まりであり、個々人の合理的な意思決定の結果として、一つの集団的な意思決定がなされると想定することも可能でしょう。政府の行動を、そのようにあたかも個人の合理的経済行動の延長として分析する研究分野を「公共選択論」といいます。ブキャナンは、まさにその創始者とも言うべき人です。

そうすると、政府は政権の維持を目的として、あるいは選挙で勝つことを目的として、さらには個々の議員は得票を最大化することを目標として行動するかもしれません。そしてそのような動機に導かれて、政府支出の額が決まってくると考えることもできるわけです。

その結果、民主主義社会では、選挙民に人気のある政策――たとえば、バラマキ的な政策――に財政政策が偏る傾向があり、財政は赤字になりがちになります。そして、それに歯止めをかけるメカニズムが期待できなければ、財政赤字は止めどもなく膨らんでいくことが予想されることになります。

ブキャナンは、そのように当時の先進諸国における財政赤字を説明すると同時に、それはケインズ的な政策をとったことの結果であると批判しました。ちなみに、ブキャナンの場合、批判の矛先はケインズ理論ばかりでなく、ケインズ自身にも向けられています。

特に責任の重い三流学者が、そもそもの張本人であるケインズ殿だ。そのケインズの理論を無批判に受け入れたのがアメリカの主流派経済学である。（ブキャナン『赤字の民主主義』24ページ）

ヴァージニア学派のやり方は、自分たちの新奇性を際立たせるために、それ以前の経済学を必要以上に攻撃するものであるように思います。すでにご紹介したように、それはケインズみずからが、自分以前の経済学に向けてやったことと同じです。皮肉な話ですね。それはともかく、ブキャナンの公共選択論は、ケインズ的な政策を修正・補完するものではあり得ても、それを根底から否定するようなものではないと思います。

それにもかかわらず、執拗にケインズを批判するのは、学派としての行動原理――それも公共選択論で説明できるかもしれませんが――とは別だと思います。彼らは、**民主主義が赤字財政に傾く傾向があることを示すのみならず、財政赤字それ自体を許しがたいと考えており、政府支出を用いて景気対策をするような政府の介入自体を〝悪〟と考えている**のだと考えられます。

要するに、自由市場経済に対する熱烈な信仰があり、政府の介入それ自体を否定することが、最初から目論まれているのです。しかし、それは公共選択論から出てくる必然的な結論ではありません。政府介入を否定するために公共選択論が用いられている、というのが実態なのだと思います。

実際、なぜ財政赤字はそれ自体が悪なのかについては、今日でもコンセンサスは得られていませんが、さまざまな論点が提出されるようになっています。それに対して、**ブキャナンの挙げる根拠は、政府と家計を同一視するという、考えられる最も素朴なもの**でしかありません。

> 財源を課税とした場合は、その時点の税制に応じて、つまりコスト共有のルールに従って、国民が直接コストを負担する。ところが、財源を公債発行とした場合は、公共支出が行われる時点で誰もがコスト負担しない。コストの負担は、元利払いの時期が到来するまで延期、つまり先送りされるのである。こうした初歩的な命題は、私的な借金でも、公的な借金でも全く同じように当てはまる。家計と財政の古典的な類推は無条件で正しいと思える。（ブキャナン『赤字の民主主義』48－49ページ）

ケインズ的な財政政策による景気対策に対しても、ブキャナンな否定的です。しかしその根拠は、インフレをもたらし、人びとの意思決定や市場の調整過程を歪めるといった素朴な議論です。

景気後退は回復の過程で避けて通れない。ケインズ型の刺激に酔い痴れた国にとっては、二日酔いのようなものだ。「完全雇用」を確保しようなどというのは、まやかしに等しい。（ブキャナン『赤字の民主主義』323ページ）

景気後退による失業を「二日酔いのようなもの」というのは、経済理論以前の社会哲学の問題でしょう。同じことについて、ケインズであれば次のように言います。

しかし、われわれが座視している間は、失業者の利用されない労働が積もり積もって銀行預金のように後日いつでも即座に利用できるように蓄積されているわけではない。それはどんどん無駄に流れ去り、もはやそれを取り返すことはできない。（ケインズ「ロイド・ジョージはそれをなしうるか？」111ページ）

フリードマンの議論は、経済が完全雇用の近くにいるときに、さらに失業率を下げようなどと考えると、インフレを招く危険性があることを教えてくれます。まったくその通りだと思います。ブキャナンの議論は、民主主義社会ではそうなる傾向が多分にあることを教えてくれます。なるほど、「政府の役割」について考えるときには、肝に銘じなければいけないことです。

しかし、二人がそれに加えて、「だから自由な市場のメカニズムに委《ゆだ》ねて、政府の介入は最小限にしなければならない」と論じ始めると、彼らの議論は19世紀以前の議論からほとんど先に進んでいないのです。

3／個人の自由はどこへ行く?――ハイエク

フリードマンやブキャナンが、装いを新たにした経済理論をもってケインズを批判したのに対して、ハイエクは哲学・思想の観点からもケインズを批判しました。その意味では、最も初期からの筋金入りの反ケインズです。前述したモンペルラン協会は、彼を中心に創設されたものでした。

ハイエクの議論も基本的には、個人の自由を至高の価値とする哲学に基づいています。

個人主義とは、「人間としての個人」への尊敬を意味しており、それは、一人一人の考え方や嗜好を、たとえそれが狭い範囲のものであるにせよ、その個人の領域においては

至高のものと認める立場である。（ハイエク『隷属への道』10ページ）

ハイエクにとっての自由とは、個人としての人間の考え方や嗜好に対して恣意的な強制がないことです。それがまさに恣意的な強制をともなうという理由で、社会主義や福祉国家の考え方を批判しました。それ自体は、第3章で取り上げたJ・S・ミルの③－1の議論そのものであると言えます。同時に、政府にある種の介入を許容すると、やがて介入はそれ以外の部分へも及んでいくというダイナミックな懸念も表明しています。

経済統制が、人間生活の独立したある部分だけを統制するのにとどまらないのは、目的達成手段の統制だからである。そして手段の独裁的な統制権を握る者は、どの目的が達成されるべきか、どういった価値が高いか低いかを決定することになる。結局のところ、その者は、人々が何を信奉し、何に向けて努力すべきかをも決定することになる。（ハイエク『隷属への道』116－117ページ）

もちろん、それは「政府の役割」を考える上で非常に重要な視点であると思います。ある時点における政府の役割や大きさだけが問題なのではなく、それは常に動いており、とりわけ社会の側からの抑制が働かなければ、政府権力の拡大に歯止めがかからなくなる危険があります。しかし、それとてJ・S・ミルの③－2の議論に相当するものであって、特別に新しい考え方ではありません。

他方で、ハイエクは別の文脈で非常に重要な論点を展開しました。筆者はそれを非常に高く評価しています。それはもともと、20世紀の前半に社会主義計画経済の可能性をめぐっての論争（経済計算論争）に端を発するものでした。

市場メカニズムで中心的な役割を果たすのが価格です。われわれ一人ひとりは、経済全体において何がどれだけ希少で、人びとが何をどれだけ欲しているかを詳細に知ることはできません。しかし、市場メカニズムが適切に機能している場合には、まさに価格がシグナルとなってそれを教えてくれます。希少なもの、人びとが欲しているものは価格が高くなることで、そうでないものについてはその逆になることで、それを教えてくれます。われわれは**価格を知ることで、またそれさえ知ることができれば、必要な意思決定を行なうことができる**わけです。

社会主義計画経済を否定する側――その代表がオーストリアの経済学者ミーゼス（Ludwig Heinrich Edler von Mises, 1881～1973）でした――は、社会主義経済には市場がなく、したがって価格が存在しないのですから、計画当局は、人びとのニーズや財の希少性に基づいて、何をどれだけ生産させるのかについて適切な判断をすることはできないと強調しました。

これに対して、社会主義経済擁護派であるポーランドの経済学者ランゲ（Oscar Lange, 1904～1965）は、それが可能であると主張しました。資源や人びとの嗜好に関する情報を中央計画当局に集め、一種の競りのような試行錯誤を通じて、市場価格に相当するものを計算することができると考えました。むしろ、市場における需給均衡モデルを逆手にとって、それを利用して計画経済における生産のためのシグナルを計算する手法を提唱したのです。現実の市場にはさまざまな不具合があり得ますが、こうして人為的に計算された市場価格こそが正しい情報を提供すると主張したのです。今日における情報ネットワークやコンピュータの計算能力を考えれば、ますます現実味のある議論と言えるかもしれません。

これに対して、非常に興味深い論点を提出したのがハイエクでした。それは１９４５年に書かれた「社会における知識の利用」という論文においてでした（この論文は後に彼の著書である Individualism and Economic Order という本に収録され、日本語でも『ハイエク全集』に収録されましたが、残念ながら現在は絶版になっています）。もちろん、彼は社会主義計画経済については否定派です。**ハイエクが強調したのは、われわれが市場経済で利用している知識には、ベテランの職人さんの特殊な技術とか、一子相伝の秘伝、カンやコツ、その仕事に長年関わった人ならではの特殊な工夫、等々といったものがたくさん含まれている**ということです。それらをすべて情報として中央計画当局に伝えることはできないでしょう。ソバの作り方は伝えることができても、その日の気温や湿度に応じて絶妙に美味しい手打ちソバを打つ職人技は、伝えることはできないのです。

しかし、市場メカニズムは、それをいちいち中央計画当局に伝えることなく、日々、利用することを可能にしています。つまり、**市場のメカニズムはもともと分散した状態で存在していて、その人にしかわからないような固有の知識・情報をそのままの状態で、分権的・分散的に利用することを可能にするという特性をもっている**のです。

もちろん、それとて市場のメカニズムが適切に機能する場合の話であり、それは前提であるに過ぎません。しかし、市場メカニズムには、そのような情報の分散的利用を可能にするという特性があることを指摘したのは、ハイエクの大きな功績だと思われます。しかし他方で、それさえ、同様の論点の萌芽は、J・Sミルに見出すことができるのです。


政府は情報を集めうる利便をもち、また市場においてもっとも適当した才能をもつ人に報酬を与え、それを利用する資力を持ってもいるのであるが、しかしこれら一切の利便や資力をもってしても、なお、業績に対する利害関係がうすいというただ一つの不利益を埋め合わせるのに十分でないのである。

なおここに忘れてならないことがある。それは、政府はたとえその知性および学識において国内のどの個人よりもすぐれているにしても、その個々人の全部に比べては劣っているに相違ない、ということである。（J・S・ミル『経済学原理』（五）297ページ）

とはいえ、ハイエクはこの論点について、きわめて緻密で整然とした議論を展開しました。**市場のメカニズムは、人為的ではなく、長い時間をかけて形成された自生的な秩序であるがゆえに、そのような複雑な機能を日常的にこなすことができるのに対し、政府や計画当局にまったく同じことを期待することは困難**です。「政府の役割」と「市場の役割」について考えるときには、ぜひとも参考にすべき論点であると言えます。

ここで最も基本となる原理は、われわれの活動を秩序づけるためには、社会それ自体が持っている自生的な力を最大限に活用すべきだということ、そして強制は最小限に抑えるべきだということであり、この原理は、実際の適用に際してはほとんど無限のやり方がある。これを具体的に言えば、競争ができるだけ効率よく働くシステムを慎重に作っていくことと、現に存在している慣習的制度をあるがままに受動的に受け入れていくこととの間には、非常な隔たりがある。その意味で、大まかな経験的ルール、とりわけ「自由放任」の原則に凝り固まった自由主義者の融通のきかない主張ほど、自由主義にとって害をなしたものはない。（ハイエク『隷属への道』14－15ページ）

筆者は福祉国家の構築を支持する立場ですが、ここでの引用に関する限りは、基本的にハイエクに同意します。

本書では「政府の役割」に関する経済学史を概観してきました。

筆者は、基本的な論点は、社会契約論のそれではないかと思っています。個人の自由な意思決定をかけがえのないものと考える一方、各人が自由を行使した結果はどうなるかを明らかにしなければなりません。調和的なものをもたらすメカニズムがあることもわかりました。

しかし、それが完全なものではない、いやそれどころかさまざまな不具合が考えられる、ということも示されてきたと思います。さまざまな「市場の失敗」があります。働く意志と能力のある人びとに、必ずしも雇用を与えることができないことがしばしばあるという不具合もあります。何より、恵まれた強い立場にある人が、不運にも弱い立場にある人を犠牲にして、その格差を拡大する傾向があります。それは取りも直さず、強い立場の人による自由の行使が、弱い立場にある人の自由を侵害していることに他なりません。

それらの問題に対処するためには、各人が自分の自由の一部を自制しなければなりません。**「政府の役割」に関する議論は、どのような自由を自制すべきか、どのような自由は諦められないかを議論することなの**だと思います。それに加えて、**政府が適切に機能できるような組織を工夫すること、そして政府が時間とともに必要以上に肥大化することを抑制す**

図　政府の役割の総括

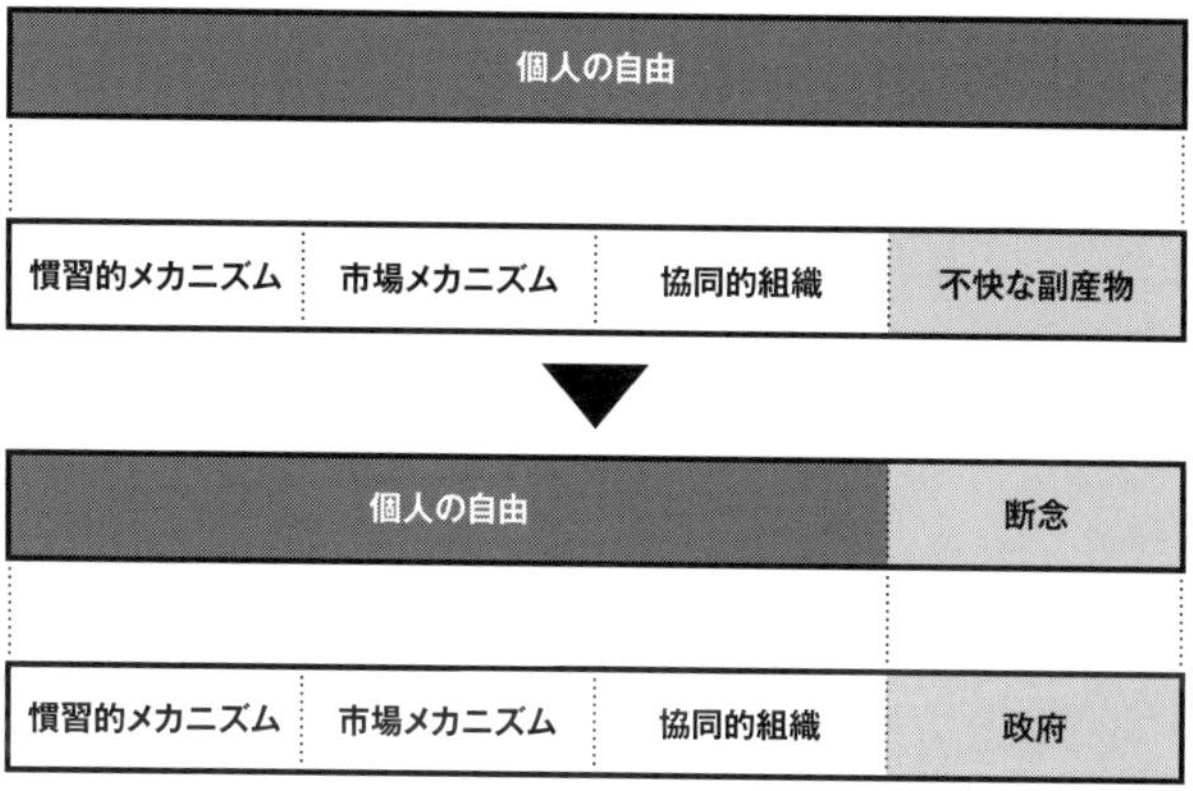

るための社会的な勢力を育てなければなりません。その中には、政府に頼らずに、自分たちの創意工夫で運営される協同的組織の役割も欠かせないでしょう。

これらを概念図にしたのが上図です。真ん中の矢印（▼）を挟んで、上部は、各人が自由を行使したときに、もたらされるものが描かれています。各人が自由を行使した結果は、本来不確実であり、混沌としています。しかしそれらは、社会の中に埋め込まれたさまざまな要因によって緩和されます。

慣習的メカニズムは、ヒュームやアダム・スミスによって描かれたような、われわれが長い時間をかけて形成してきた人間同士の調整メカニズムです。

そして、これもスミスによって明らかにされた市場のメカニズムがあります。さらには、人びとが自発的に協同的な組織を工夫する余地もあります。矢印の上部は、それでも解決し得ない不快な副産物が生じる可能性を描いています。

矢印の下部は、その解決し得ない不快な副産物を政府の介入を通じて解決する状況を描いています。しかし、それを政府の介入によって解決しようとすれば、遡《さかのぼ》って各人の自由はそれ相応に断念されなければなりません。

われわれは、慣習的なメカニズムや市場メカニズム、あるいは協同的組織を工夫することで、「政府の役割」、したがって各人が断念する自由を変えることができるかもしれません。しかし少なくとも、市場のメカニズムを盲目的に信仰するだけでは、それはできないでしょう。また、それは常に時間を通じてダイナミックに変化してしまうことも忘れてはなりません。

単純な「政府vs.市場」という視点ではなく、政府と市場と社会のバランスが時間を通じて変化するダイナミックなせめぎ合いとして、経済・社会を捉える視点が重要だと思われます。各人の自由の行使は何をもたらすのか。そこに容認できない不都合があれば、それを緩和する手段としてどのようなものがあり、それがどう機能するのか――。われわれは議論を続けなければなりません。そして、それを議論するための珠玉の材料が、過去の偉大な思想家、学者、哲学者の地道な思索の中にあふれています。

コラム５−１　緊縮財政と国際経済協調

「風が吹けば桶屋が儲かる」ということわざは、ご存じでしょうか？

これは本来、複雑な因果連鎖を通じて、思いもよらないところに影響が及ぶことを意味するものです。念のため、蛇足を承知で説明しますと、大風が吹くと多くの砂ぼこりが立ち、それによって盲人が増えるそうです。盲人は、しばしば旅芸人として三味線を弾くので、その素材である猫の皮への需要が増え、猫が減少します。そのことが鼠を増やし、今度は鼠が桶をかじるので、桶に対する需要が増え、桶屋が繁盛するというわけです。

では、同じ体で「緊縮財政政策は国際的非協調をもたらす」というのはいかがでしょうか？

筆者は、この思いもよらない（？）因果連鎖を示してみようと思うのです。ただし、ここで「緊縮財政政策」とは、その本来の意味に加えて、景気状況が思わしくないときでさえも、財政規律を優先するような政策志向をも含んでいます。まさに本章で取り上げた、反ケインズの新自由主義の思想です。

緊縮財政政策は、政府がその支出を抑制するか、または増税をすることによって可能になります。したがって、経済が度を越えて加熱していたり、インフレーションが焦眉の問題であったりするのでない限り、経済の総需要に対しては抑制的に働きます。民間消費支出や民間投資支出が低迷しており、それに加えて政府支出が抑制されるとなれば、景気を極度に減速させないためには、おのずと外需への依存度が高まることになります。つまり輸出に活路を見出さざるを得なくなるのです。

昨今の、とりわけ2010年以降の日・米・欧における景気対策が、極端に金融緩和に偏重しているのは、実はそのことと密接に関連しています。教科書的な国際マクロ経済モデルが示す通り、金融緩和は自由な資本移動のもとでは、もっぱら自国通貨の減価（日本では円安です）を通じて、輸出を増大させることで効果を発揮します。つまり、緊縮財政ゆえ、言い換えれば、景気対策として財政政策を用いることができないがゆえに金融緩和に依存するのです。日本では、「異次元緩和」などと呼ばれる金融緩和が行なわれ続けていたことは、読者のみなさんもご記憶の通りです。

しかし、これは昔から「近隣窮乏化政策」と形容されてきました。当然ですね。自分の国の通貨が安くなるということは、相手の国にとっては、逆に通貨が高くなるわけですから。「じゃあ、わが国も！」と、相手の国が考えてもおかしくはないわけですが、すべての国が同じ政策で貿易黒字を拡大することができないことは言うまでもありません。ある国の輸出は、他の国の輸入でもあります。また、すべての国が同じく金融緩和をすれば、結局、どの国の通貨も安くなることはできないのです。

結果としてこのことは、生産性や製品の競争力、その他の違いから輸出攻勢に成功する国とそうでない国を生み出します。そして、それらの国同士の間で、政治的な手法に依拠した貿易摩擦を引き起こす要因となるわけです。

曰く、「某国は為替操作を行なっている」、曰く、「不公正なダンピングが行なわれており、対抗措置を講ずる用意がある」、いやそれどころか、「公正であろうが、不公正であろうが、自国の雇用を守ることを最優先するのだ」。こうして各国が、外需の維持にいっそう神経質にならざるを得ないことこそが、緊縮財政が国際的非協調の要因となる第一の因果連鎖なのです。

他方で、因果連鎖のルートはこれに止まりません。**国内で緊縮財政のネガティブな影響をより多く受けるのは、政府の財政支出に依存している階層**に他なりません。さまざまな社会保障であれ、教育のための支出であれ、それは決して富裕層ではないのです。疑いもなく、それは中・低所得層であり、最も甚だしい程度において貧困層です。

これら**緊縮財政のネガティブな影響を受ける層を魅惑して止まないものこそが「ポピュリズム」**なのです。彼ら・彼女らは自国優先主義、排外主義を掲げる政治的リーダーに力を与えます。「自分たちが貧しいのは、きっと外国製品や移民・難民を受け入れているせいなのだ」という考え方は、その真偽とはまったく別に、実にわかりやすいという特徴があります。

そのような層は、いつの時代にも存在していました。しかし、ここで重要なのは、そのような層の支持がポピュリストの大統領の擁立に与し、イギリスのように移民排斥を理由にEUからの離脱（ブレグジット）という国民的選択として結実するまでに有力になってしまうことなのです。それによってもたらされる自国優先主義・排外主義が、国際的非協調の無視し得ない脅威であることは、誰の目にも明白ではないでしょうか。

いかがですか？　かくして、**緊縮財政政策は、「輸出依存」と「ポピュリズム」という二つの因果連鎖を通じて国際的非協調をもたらす**というのが、筆者の因果連鎖による推論です。風が吹いたことで桶屋が儲かったという統計データを、筆者は寡聞にして知りません。しかし、このコラムで筆者が示した因果連鎖は、アメリカで、イギリスで、そして他のヨーロッパ諸国においても、われわれが目の当たりにしている事実とは言えないでしょうか？

とはいえ、「風が吹けば桶屋が儲かる」は、その因果連鎖の過程が飛躍を含んでいて、「こじつけ」の意味で言及されることもあるそうな！

本コラムにおける筆者の論述が、このことわざのどちらの意味にふさわしいかは、読者のみなさんの判断に委ねることにしたいと思います。

コラム５－２　ミクロとマクロの不整合

経済理論に「ミクロ」と「マクロ」があることは読者のみなさんにも周知のことと思います。経済学部のカリキュラムで、どちらかだけが教えられているということはまずなくて、ほぼ必ずと言っていいほど、両方が教えられています。しかも、たいていは必修科目になっているはずです。

実は、**両者の間には必ずしも理論的な整合性があるわけではない**ことを、ほとんどの経済学者は認識していると思います。同時に、日々の授業を行なうにあたっては、それを都合よく忘れている他はないことも……です。

筆者はマクロ経済学を専門としていますが、折りに触れ、両方を教える羽目になることもあります。両者を学ぶ意味について、筆者なりの説明というものはもちろんあります。とはいえ、両者の間の理論的不整合については、悩ましい点があることもまた事実なのです。そう思いながらも授業は進んでいきます。何しろ、両者の不整合について語り出したら、15回の授業なんて、それだけで終わってしまいかねないのですから。

そう自分に言い聞かせつつも、それでいて、ミクロを教えているときには、「需要と供

給は両方大事だ。片方だけで考えてはいけないのだ」などと説きながら、銀座のビールが
なぜ高いかの話をします。いや、正確にはスキー・ゲレンデの食堂や東京ドームで試合を
観ながら飲むビールの値段についてで、銀座の話はしません。しかし、その舌の根も乾か
ぬうちに、マクロを教えているときは、総需要が総生産を決める（有効需要の原理）など
と説くことになるのです。両方聞いている学生に、混乱するなというほうが無理というも
のでしょう。

両者の橋渡しをしようとする、報われることのない努力の最も初期のものは、サミュエ
ルソン（Paul Anthony Samuelson, 1915～2009）による「新古典派総合」でした。世界的
なベストセラーとなった彼の経済学教科書を通じて知られるようになったものだけに、多
くの批判を受けながらも根強い生命力を保っているようです。

それは、市場メカニズムはしばしば機能不全を起こし、失業を生み出しますが、**政府が
マクロ経済政策を行使して、ひとたび完全雇用が実現すれば、そこから先はミクロ経済学の
説く価格調整メカニズムが機能する**、と主張しているのです。厄介なことに、実は、この
主張は他ならぬケインズが彼の『雇用、利子および貨幣の一般理論』の中で述べたこと、
ほぼそのままなのです。

しかし、もしわれわれの中央統制によって、できるかぎり完全雇用に近い状態に対応す

る総産出量を実現することに成功するなら、古典派理論はその点以降再びその本領を発揮するようになる。（ケインズ『雇用、利子および貨幣の一般理論』381ページ）

ケインズにしては恐ろしく不用意な発言だと思いますが、おそらく彼は自分の主張が社会主義を擁護するものだと受けとられることを避けたかったのではないか、と筆者は推測しています。自分は資本主義それ自体を否定するつもりはなく、ましてや革命を支持しているわけではないことを強調したかったのだろうと思うのです。とはいえ、不用意であったことには違いありません。

しかし、当然というべきか、新古典派総合の考え方は、多くの批判を浴びました。たとえば、サミュエルソンと同じくノーベル賞経済学者であるアロー（Kenneth Joseph Arrow, 1921－2017）が示した例を用いれば、もし、その経済が賃金の硬直性によって失業が起こるようなシステムであったとすると、仮にそれを財政政策で完全雇用にもっていったとしても、そこで価格調整メカニズムが働くとは考えられないはずです。賃金もまた価格なのですから。要するに、財政政策によって初めて完全雇用が実現するような経済システムと、それなしに価格調整メカニズムの働きで完全雇用を実現するようなシステムは、経済システムとしてそもそも別物なのです。

他方で、マクロ経済学をミクロ経済学の手法によって再構成しようとする試み――マクロ経済理論のミクロ的基礎——も、一時、大変に流行しました。つまり、マクロ経済学の結論を、個々の人や企業による効用や利潤の最大化行動から説明しようとする試みです。しかし、いずれもほとんど不毛に終わりました。なにしろ、ミクロ的に基礎づけようとすればするほど、ケインズの世界からは遠ざかっていってしまうのですから。

解決策ですか？　はい、筆者は諦めるのがいいと思っています。力学だって、ミクロとマクロはちゃんと別物になっています。それでいいのではないでしょうか。**ミクロもマクロも、現実のある特定の側面を切り取って分析するための個別の理論モデルであるにすぎません。**

本書でも繰り返し強調しましたように、**主流派である新古典派の経済理論を、客観的かつ普遍性をもつ統一された科学の理論であると期待・過信することがそもそもの病原**なのです。

そういえば、筆者が学生時代、岩波書店から出ていた「現代経済学」シリーズの教科書のタイトルは、『ミクロ経済学』『マクロ経済学』ではなく、『価格理論』『所得分析』でした。残念ながら、いまはそうではなくなってしまいました。でも、昔のタイトルもあながち悪くなかったのではないかと思っています。

引用文献

ここでは、本書で直接引用した文献のみを挙げています。また、引用に際しては、極力原文の表現を尊重した一方で、古い漢字や言葉遣いについては、いまの読者にわかりやすいものに一部変更したことに関して、読者のご寛容を乞いたいと思います。

前奏曲

- J・M・ケインズ「自由放任の終焉」宮崎義一訳『説得論集』所収（『ケインズ全集』第9巻）、東洋経済新報社、1981年
- ロバート・ハイルブローナー、ウィリアム・ミルバーグ『経済社会の形成』〈原著第12版〉菅原歩訳、ピアソン・エデュケーション、2009年
- アリストテレス『政治学』牛田徳子訳、京都大学学術出版会、2001年
- 『聖書』新共同訳、日本聖書協会、1991年

第1章　近代国家登場！

- ジョセフ・ストレイヤー『近代国家の起源』鷲見誠一訳、岩波書店、1975年

- ブレーズ・パスカル『パンセ』塩川徹也訳、岩波書店、2015年
- J・M・ケインズ『雇用、利子および貨幣の一般理論』（普及版）塩野谷祐一訳、東洋経済新報社、1995年
- トーマス・ホッブズ『リヴァイアサン』水田洋訳、岩波書店、1954・1964・1982・1985年
- バールーフ・デ・スピノザ『神学・政治論』吉田量彦訳、光文社、2014年
- ジョン・ロック『市民政府論』角田安正訳、光文社、2011年
- ジャン＝ジャック・ルソー『社会契約論』中山元訳、光文社、2008年
- 同『人間不平等起源論』中山元訳、光文社、2008年
- デイヴィド・ヒューム『人性論』大槻春彦訳、岩波書店、1948・1949・1951・1952年
- アダム・スミス『道徳感情論』村井章子、北川知子訳、日経BP社、2014年
- 堂目卓生『アダム・スミス』中央公論新社、2008年
- バーナード・マンデヴィル『蜂の寓話　私悪すなわち公益』泉谷治訳、法政大学出版局、1985年
- ヴォルテール『哲学書簡』斉藤悦則訳、光文社、2017年
- トーマス・マン『外国貿易によるイングランドの財宝』渡辺源次郎訳、東京大学出版会、196

5年
・ジェイムズ・ステュアート『経済の原理　第1・第2編』小林昇監訳、名古屋大学出版会、1998年

第2章　自由放任主義の台頭

・三木清『人生論ノート』新潮社、1954年
・ヘラクレイトス『断片集』Masami Kiyono訳、Kindle版
・フランソワ・ケネー『経済表』平田清明、井上泰夫訳、岩波書店、1990年
・アダム・スミス『国富論』山岡洋一訳、日本経済新聞出版社、2007年
・T・R・マルサス『人口論』斉藤悦則訳、光文社、2011年
・J・K・ガルブレイス『経済学の歴史』鈴木哲太郎訳、ダイヤモンド社、1998年
・デイヴィッド・リカードウ『経済学および課税の原理』堀経夫訳（『リカードウ全集』第1巻）、雄松堂、1972年
・同『書簡集 1816−1818年』中野正監訳（『リカードウ全集』第7巻）、雄松堂、1971年
・ジェレミー・ベンサム『道徳および立法の原理序説』山下重一訳（『世界の名著』第49巻）、中央公論社、1979年

第3章　自由放任主義への苛立ち

- 『新版　万葉集一』KADOKAWA、2009年
- 山本周五郎『赤ひげ診療譚』新潮社、1959年
- フリードリッヒ・リスト『経済学の国民的体系』(オンデマンド版) 小林昇訳、岩波書店、2014年
- J. C. L. Simonde de Sismondi, New Principles of Political Economy, Routledge, 2019.
- J. C. L. Simonde de Sismondi, Political Economy, and the Philosophy of Government, Wentworth Press, 2016.
- カール・マルクス、フリードリッヒ・エンゲルス『共産党宣言』森田成也訳、光文社、2020年
- J・S・ミル『経済学原理』末永茂喜訳、岩波書店、1959・1960・1961・1963年
- 同『功利主義論』伊原吉之助訳(『世界の名著』第49巻)、中央公論社、1979年

第4章　自由放任主義、ついに敗れる

- A・C・ピグー『富と厚生』八木紀一郎監訳、名古屋大学出版会、2012年
- J・M・ケインズ「自由放任の終焉」宮崎義一訳『説得論集』所収(『ケインズ全集』第9巻)、

東洋経済新報社、1981年
・同『雇用、利子および貨幣の一般理論』（普及版）塩野谷祐一訳、東洋経済新報社、1995年
・ウィリアム・ベヴァリッジ『ベヴァリッジ報告』森田慎二郎他訳、法律文化社、2014年
・グンナー・ミュルダール『福祉国家を越えて』北川一雄監訳、ダイヤモンド社、1970年

第5章　小さな政府の逆襲

・パトリック・ヘンリー　ウィキペディア、https://ja.wikipedia.org/wiki/
・ルチャーノ・デ・クレシェンツォ『物語　中世哲学史』谷口伊兵衛、G・ピアッザ訳、而立書房、2003年
・ミルトン・フリードマン『資本主義と自由』熊谷、西山、白井訳、マグロウヒル、1975年
・J・M・ケインズ『雇用、利子および貨幣の一般理論』（普及版）塩野谷祐一訳、東洋経済新報社、1995年
・同「ロイド・ジョージはそれをなしうるか？」宮崎義一訳『説得論集』所収（『ケインズ全集』第9巻）、東洋経済新報社、1981年
・J・M・ブキャナン、R・E・ワグナー『赤字の民主主義』大野一訳、日経BP社、2014年
・F・A・V・ハイエク『隷属への道』西山千明訳、春秋社、1992年

マ

ラ

ワ

人名索引

アダム・スミス、J・M・ケインズは頻出するため省略しています。

ア

カ

サ

タ

ナ

ハ

マ

ヤ

ラ

ワ

タ

ナ

ハ

事項索引

ア

カ

サ

西　孝（にし　たかし）
杏林大学総合政策学部教授。1961年東京生まれ。慶應義塾大学経済学部卒業、同大学大学院経済学研究科博士課程単位取得退学。専攻は、マクロ経済学、国際金融論。著書に『イントロダクション マクロ経済学講義』（日本評論社）、『社会を読む文法としての経済学』（日本実業出版社）ほか。

いまを考《かんが》えるための経済学史《けいざいがくし》　適切《てきせつ》ならざる政府《せいふ》？

2023年３月20日　初版発行

著　者　西　孝

発行者　杉本淳一

発行所　株式会社日本実業出版社　東京都新宿区市谷本村町３−29 〒162-0845
編集部　☎03-3268-5651
営業部　☎03-3268-5161　振　替　00170−1−25349
https://www.njg.co.jp/

印 刷／堀内印刷　製 本／若林製本

ISBN 978-4-534-05998-7　Printed in JAPAN